Wolfgang Huber

MENSCHEN, GÖTTER UND MASCHINEN

Eine Ethik der Digitalisierung

C.H.Beck

Originalausgabe
© Verlag C.H.Beck oHG, München 2022
www.chbeck.de
Umschlaggestaltung: Kunst oder Reklame, München
Satz: C.H.Beck.Media.Solutions, Nördlingen
Druck und Bindung: Druckerei C.H.Beck, Nördlingen
Gedruckt auf säurefreiem und alterungsbeständigem Papier
(hergestellt aus chlorfrei gebleichtem Zellstoff)
Printed in Germany
ISBN 978 3 406 79020 1

myclimate

klimaneutral produziert
www.chbeck.de/nachhaltig

INHALT

6. Digitale Intelligenz

7. Die Würde des Menschen im digitalen Zeitalter

8. Die Zukunft des Homo sapiens

VORWORT

Die Stille – so heißt ein Roman des US-amerikanischen Erfolgs-
schriftstellers Don DeLillo. Das Buch erschien 2020, die Handlung spielt an einem Sonntag im Februar 2022. Es ist der *Super
Bowl Sunday*, an dem das Meisterschaftsendspiel im *American
Football* ausgetragen wird, eine der größten sportlichen Ein-
zelveranstaltungen nicht nur in den USA, sondern weltweit.
Landauf, landab wird dieser Sonntag wie ein nationaler Feier-
tag begangen. In einer New Yorker Wohnung haben sich eine
emeritierte Physikprofessorin, ihr Mann und ein ehemaliger
Student zusammengefunden, um das Ereignis im Fernsehen zu
verfolgen. Sie warten noch auf ein befreundetes Paar, das nach
der Rückkehr aus Paris direkt vom Flughafen zu ihnen stoßen
will. Doch bevor das Flugzeug in New York ankommt, ereignet
sich ein dramatischer Zwischenfall: Alle Bildschirme werden
schwarz, kein Smartphone funktioniert. Das Super-Bowl-Finale
kann nicht übertragen werden. Die beiden Reisenden erleben
diesen digitalen Zusammenbruch noch während ihres Flugs,
der mit einer beängstigenden Notlandung endet.

Der Schock dieses digitalen Kollapses wirkt nach DeLillos Beschreibung noch unheimlicher als die Corona-Pandemie. Denn
dieses Ereignis hat, wie er eine Krankenhausmitarbeiterin sagen
lässt, «unsere Technologie platt gemacht. Die ganze Welt kommt
mir überholt vor, verschollen im Weltraum. Kann alles in der
Datensphäre Verfälschung und Diebstahl zum Opfer fallen?
Und sollen wir einfach dasitzen und unser Schicksal beklagen?»

Dieses Zukunftsszenario wird denkbar dicht an unsere eigene

Gegenwart herangerückt. Die Fiktion eines digitalen Kollapses wird mit der Realität der Covid-19-Pandemie verknüpft. Während ich an diesem Buch schrieb, prägten die Einschränkungen des täglichen Lebens durch das Corona-Virus und die Sorgen um einzelne Menschen wie um die Zukunft unserer Gesellschaft jeden Tag.

Den Herausforderungen durch die Corona-Krise trat seit dem 24. Februar 2022 das Erschrecken über den militärischen Angriff Russlands auf die Ukraine zur Seite. Von Anfang an zeigte sich die Gefahr einer Verschärfung des Konflikts durch digitale Mittel, aber auch die Möglichkeit, die Logik militärischen Handelns durch den Einsatz digitaler Kommunikation zu unterlaufen. Cyberkriegsführung ist schon länger ein fester Bestandteil militärischer Auseinandersetzungen. Doch mit dem Ukraine-Krieg erreichte die Digitalisierung des Krieges eine neue Dimension. Gleich zu Beginn des Krieges störte Russland mit Hackerangriffen 30 000 Satellitenterminals des amerikanischen Satellitenbetreibers Viasat. Dass 5800 Windräder in Norddeutschland nicht mehr zu erreichen waren, bildete nur einen kleinen Teil des Schadens. Gegen eine flächendeckende Störung ist die Ukraine durch die Dezentralität des Internets – eine Folge früherer russischer Hackerangriffe – geschützt. Um gegen die physische Zerstörung von Servern gefeit zu sein, lässt sich die Ukraine von Elon Musk beim Aufbau des Satelliten-Internets helfen.

Die ukrainische Regierung versucht ihrerseits, ihre militärische Unterlegenheit durch den Einsatz digitaler Mittel auszugleichen. Sie fordert, das russische Internet vom Rest der Welt zu trennen, und bemüht sich um einen Boykott Russlands durch internationale Plattformunternehmen. Die für den digitalen Kampf der Ukraine Verantwortlichen – der Digitalminister Mykhailo Fedorow und sein Stellvertreter Oleksandr Bornyakow – sprachen im März 2022 von einer eigenen «IT-

Armee» mit 300 000 Angehörigen. Den Versuch, in der russischen Bevölkerung mit digitalen Mitteln Widerstand gegen den Angriffskrieg zu mobilisieren, beantwortete Russland mit der Sperrung von Twitter und Facebook sowie der Webseiten internationaler Medien.

Nicht nur als rücksichtsloser, das Selbstbestimmungsrecht der Ukraine und die Regeln des Kriegsvölkerrechts missachtender Angriffskrieg wird der Ukraine-Krieg in die Geschichte eingehen, sondern auch wegen der Eskalation der digitalen Kriegsführung und der zivilen Interventionen mit digitalen Mitteln.  Wie kein Krieg zuvor zeigt er, wie angreifbar zentrale Lebensbereiche – von der Kommunikation über die Energieversorgung bis zu medizinischer Infrastruktur – durch die Digitalisierung des täglichen Lebens werden. Wie anfällig Teile der kritischen Infrastruktur in Deutschland sind, zeigt beispielhaft eine Untersuchung, die bei einem Drittel der überprüften Krankenhäuser Defizite in der IT-Sicherheit feststellte.

Es kommt darauf an, die vielfältigen Möglichkeiten der Digitalisierung zu nutzen, ohne sich der Macht dieser Technologie zu unterwerfen. Dabei geht es um grundlegende Fragen des Menschenbilds. Werden wir die begrenzte, endliche Freiheit, durch die das menschliche Leben geprägt ist, weiter zu schätzen wissen? Oder meinen wir, der Endlichkeit in einer transhumanistischen Wendung der Menschheitsgeschichte entkommen zu können? Wiederholt sich auf neue Weise, was der Soziologe Max Weber in seinem Vortrag über *Wissenschaft als Beruf* im Jahr 1917 so formulierte: «Die alten vielen Götter, entzaubert und daher in Gestalt unpersönlicher Mächte, entsteigen ihren Gräbern, streben nach Gewalt über unser Leben und beginnen untereinander wieder ihren ewigen Kampf.» Werden die digitalen Maschinen oder der von der Sterblichkeit befreite Mensch zu solchen Göttern?

Der digitale Wandel ist nicht nur in seiner technischen Dynamik, sondern auch in seiner ethischen Brisanz eine der enormen Herausforderungen unserer Zeit. Er bestimmt unseren Alltag, beeinflusst alle Lebensbereiche, prägt ein neues Zeitalter. Nutzungsmöglichkeiten, die das Menschsein stärken, stehen Entwicklungen gegenüber, die das humane Zusammenleben gefährden. Aufgaben, die an digitale Instrumente delegiert werden können, müssen von der Verantwortung unterschieden werden, die beim Menschen verbleibt. Um solche Klärungen geht es in diesem Buch.

Zu jeder Zeit hat meine Frau Kara Huber mich auf dem Weg zu diesem Buch ermutigt, seine Thematik mit mir diskutiert und mich auf vielfältige Weise unterstützt. Tilman Asmus Fischer hat das Vorhaben mit Recherchen und Korrekturen gefördert. Heiko Beier, Lukas Gast, Wilfried Gast und Hans Joas haben das Manuskript oder Teile davon gelesen und mit hilfreichen Hinweisen und Vorschlägen darauf reagiert. Mein Lektor Ulrich Nolte hat diesem Vorhaben zusammen mit allen Beteiligten im Verlag C.H.Beck Gestalt verliehen. Ihnen allen bin ich dankbar verbunden.

Mein Bruder Gerhard Huber hat mir den Roman von Don DeLillo geschenkt. Nicht nur dafür, sondern für lange Jahrzehnte brüderlicher Freundschaft danke ich ihm von Herzen. Ihm widme ich dieses Buch.

1. DAS DIGITALE ZEITALTER

Zeitenwende

Wir leben in einer Zeitenwende. Es geht um mehr als nur um eine Fortsetzung des Wandels, der sich schon immer vollzogen hat. Es geht auch nicht nur um die wissenschaftlich-technische Beschleunigung dieses Wandels, die als charakteristisch für die Neuzeit gilt. Es geht um eine «Verwandlung der Welt».

Unter diesem Titel hat der Historiker Jürgen Osterhammel 2009 die Globalgeschichte des neunzehnten Jahrhunderts mit ihren imperialistischen Ausbrüchen beschrieben. Im zwanzigsten Jahrhundert schlug sich der Kampf um politische Vorherrschaft in beispiellosen Weltkriegen und totalitären Diktaturen nieder. Aus dem Grauen dieser Zeit zogen die Vereinten Nationen nach dem Ende des Zweiten Weltkriegs die Konsequenz, die Völkergemeinschaft feierlich auf die Bewahrung des Friedens, die Achtung der Menschenrechte und nicht zuletzt: die Ächtung des Völkermords zu verpflichten. Damit begann, mit einem Wort des Soziologen Ulrich Beck, die Kosmopolitisierung der Welt im Ganzen wie der Lebensverhältnisse aller Einzelnen. Die Globalisierung der Wirtschaft sowie die weltweit wachsenden Wanderungsbewegungen tragen auf ihre Weise dazu bei. Zugleich wächst die Welt vor allem durch den rasanten Wandel der Kommunikationstechnologien zusammen. Dadurch wird allerdings nicht nur die wechselseitige Kenntnis vermehrt und die Möglichkeit geschaffen, am Schicksal von Menschen auf anderen Kontinenten Anteil zu nehmen. Auch die

Gegensätze in der einen Welt gewinnen dadurch zusätzlich an Brisanz. Weltweite Kommunikation kann nicht nur das wechselseitige Verständnis stärken, sie kann auch Vorurteilen Nahrung geben.

Die Kosmopolitisierung bezieht sich nicht nur auf individuelle und kollektive menschliche Schicksale, deren Zeugen wir in der globalen Informationsgesellschaft werden. Eine Kosmopolitisierung vollzieht sich auch durch einen die Erde umspannenden Transformationsprozess, in dem menschliches Handeln einen beunruhigenden Klimawandel befördert, die geologische Beschaffenheit der Erde verändert und die Biodiversität bedroht. Diese dramatischen Entwicklungen wurden als Eintritt in ein neues Erdzeitalter beschrieben. Der Vorschlag, die neue erdgeschichtliche Epoche, die auf das Holozän folgt, als Anthropozän zu bezeichnen, wurde im Jahr 2000 durch den Meteorologen und Atmosphärenchemiker Paul Crutzen gemeinsam mit dem Biologen Eugene F. Stoermer zur Diskussion gestellt. In Paul Crutzens Todesjahr 2021 wurde durch die dafür zuständige *International Commission on Stratigraphy* die erdgeschichtliche Epoche des Anthropozäns in aller Form ausgerufen und ihr zeitlicher Beginn festgestellt. Die Gründe, die für eine solche Entscheidung sprechen, haben sich in den zwei Jahrzehnten seit Crutzens Vorstoß weiter verstärkt. Doch noch immer ist es ungewiss, ob es gelingt, das 2015 im Pariser Vertrag festgelegte Ziel verantwortlicher Klimapolitik – die Begrenzung der globalen Erwärmung auf maximal 1,5 Grad Celsius – zu erreichen. Die Bewegung Fridays for Future protestiert, von den Scientists for Future unterstützt, zu Recht dagegen, dass die politischen und wirtschaftlichen Maßnahmen hinter den Notwendigkeiten weit zurückbleiben. Nach der weltweiten Konzentration auf die Bekämpfung des Corona-Virus und seiner Folgen wird es einer großen Kraftanstrengung bedürfen, um der Begrenzung des Klimawandels und der Durchsetzung einer nachhaltigen Wirtschaftsweise die nötige Priorität einzuräumen. Die Zeit drängt.

Doch dies sind keineswegs die einzigen großen Herausforderungen unserer Zeit. So sind auch neue Kriegsgefahren und Krisen in der globalen Finanz- und Wirtschaftsentwicklung in den Blick zu nehmen. All diese schwerwiegenden Themen sind auf unterschiedliche Weisen mit der Digitalisierung verschränkt. Zu den neuen Kriegsgefahren gehören Angriffe auf die gegnerische Hardware, gegebenenfalls sogar aus dem Weltraum, aber ebenso auch Angriffe auf die Software, zum Beispiel mit dem Ziel, Zugang zu den gegnerischen Computernetzwerken zu bekommen oder Krankenhäuser und andere Einrichtungen der kritischen Infrastruktur lahmzulegen. Für die Waffenentwicklung ist die Digitalisierung von zentraler Bedeutung. Hochautomatisierte Waffen sind in diesem Zusammenhang mit großer Sorge zu betrachten, weil sie möglicherweise die Bereitschaft zu militärischen Interventionen erhöhen, mitsamt einer Neigung dazu, die Verantwortung für deren tödliche Wirkungen an die als «autonom» angesehenen Waffensysteme zu delegieren.

Im Blick auf das globale Finanzsystem ist die digitale Automatisierung ebenfalls von großer Bedeutung. Die globalen Finanzströme sind schon jetzt in hohem Maß automatisiert, was steuernde Eingriffe schwer und deren eventuelle Nebenwirkungen unter Umständen unkalkulierbar macht. Ebenso drängt sich die Frage auf, welche Folgen sich aus der Entwicklung von Kryptowährungen für das Weltfinanzsystem ergeben werden. Die Auskunft, dass die addierte Marktkapitalisierung aller Kryptowährungen von November 2020 bis Mai 2021 von 500 Milliarden auf 2,5 Billionen US-Dollar gestiegen sei, weist auf eine dramatisch anwachsende Bedeutung für Wirtschaft und Finanzen hin (Wikipedia 2022).

Schließlich sind auch die Auswirkungen der Digitalisierung auf Umweltbelastung und Klimaentwicklung zu bedenken.

Herstellung und Verschrottung von digitalen Geräten schädigen die Umwelt, und der Energieverbrauch, der sich aus der Nutzung solcher Geräte sowie aus der weltweiten Inanspruchnahme des Internets ergibt, ist immens. Der digitale Sektor setzt mehr Treibhausgase frei als der globale Flugverkehr – wohlgemerkt zu seinen bisherigen Spitzenzeiten vor den Einschränkungen durch die Corona-Krise. Dennoch treten die ökologischen Auswirkungen der Digitalisierung nur selten in den Blick. In diesem blinden Fleck zeigt sich auf paradoxe Weise der Respekt vor der verwandelnden Kraft der neuen Technologien. Dabei ist auch anderes vorstellbar: Mit digitaler Prozesssteuerung lassen sich Emissionen reduzieren, indem Produktionsabläufe und Dienstleistungen effizienter organisiert werden.

Die Digitalisierung gilt global als die entscheidende technologische Innovation unserer Zeit. Sie verändert die Kommunikationsformen in ungleich größerer Geschwindigkeit als die Einführung des Buchdrucks mit beweglichen Lettern vor mehr als einem halben Jahrtausend. Im Jahr 1993 waren lediglich 3 Prozent der globalen Informationskapazität digital, bis zum Jahr 2007 war dieser Anteil auf 94,5 Prozent gestiegen. Das Jahr 2002 wird als das Jahr angesehen, in dem zum ersten Mal mehr als die Hälfte der global verfügbaren Informationen in digitaler Form gespeichert war.

Mit dieser Wasserscheide lässt sich der Übergang zum digitalen Zeitalter plausibel kennzeichnen. Seitdem nimmt die Konzentration von Macht und Kapital in den Händen einer kleinen Zahl digitaler Riesen dramatisch zu. Sie entwickeln nicht nur ökonomischen, sondern auch politischen Einfluss und scheinen damit die Macht nahezu aller Staaten und Staatenbünde auf der Erde zu überragen. Das Geschäftsmodell der Verknüpfung von Kommunikation und Werbung hat auf beiden Seiten gigantische Auswirkungen. Durch den kostenlosen Zugang zu digitalen Plattformen und Diensten werden gewaltige Nutzerzahlen erreicht, aus denen sich hohe Werbeeinnahmen generieren lassen. Die Nutzer sind in diesem Geschäftsmodell nicht Kunden, die für die erlangte Dienstleistung einen Kaufpreis zahlen. Ihre Daten sind vielmehr Produkte, die in einer umfangreichen, schnell wachsenden Werbeindustrie gewinnbringend eingesetzt werden. Das hat der Vorstandsvorsitzende von Apple, Jim Cook, schon 2014 eingeräumt: «A few years ago, users of internet services began to realise that when an online service is free, you're not the customer. You're the product.» (Cook 2014) Die digitalen Plattformen und Dienste, deren kostenloser Gebrauch auf diese Weise ermöglicht und milliardenfach genutzt wird, erleichtern die Kommunikation auf allen Ebenen: zwischen Einzelpersonen ebenso wie zwischen großen Gruppen, im Nahbereich ebenso wie global. Einerseits werden diese Möglichkeiten vielfach zu guten Zwecken genutzt, andererseits breiten sich durch sie Hass und Verachtung in Windeseile aus. Die Kultur des Zusammenlebens verändert sich tiefgreifend – und keineswegs nur zum Besseren.

Der gleiche und freie Zugang zu dieser Art von Technologie wird von vielen als eine derart große Chance angesehen, dass sie es hinnehmen, von digitalen Plattformen und Internetfirmen in einem bisher unbekannten Maß kontrolliert und überwacht zu werden. Nicht nur durch den Gebrauch ihrer PCs, Tablets und Smartphones, sondern ebenso durch die Verwendung von Bank-, Kredit- und Kundenkarten machen sie ihre Aktionen und Transaktionen überprüfbar und voraussehbar. Die meisten Nutzerinnen und Nutzer verweisen in ihrer Abwägung von Kosten und Nutzen die Risiken ins zweite Glied oder ignorieren sie gänzlich. Das aufklärerische Potential, das mit der erleichterten Zugänglichkeit zu Informationen und Diskussionen verbunden sein kann, wird vielfach dadurch überlagert, dass Nutzerinnen und Nutzer sich in Filterblasen und Echokammern unter Gleichgesinnten einnisten und sich gegen unliebsame Einsichten abschirmen. Auf diese Weise hat das Internet ein gewaltiges Polarisierungspotential, das besonders in Hate Speech und Fake News zum Ausdruck kommt. Das Schüren von Streit ist charakteristisch für die Tätigkeit von Trollen. *Trolling* bezeichnet ursprünglich das Fischen mit Schleppangeln, bei dem Köder von einem fahrenden Boot aus durch das Wasser gezogen werden. Gemeint ist damit im übertragenen Sinn die vorsätzliche Störung des Austauschs innerhalb einer *online community*. Die Interventionen von Trollen zielen darauf, unsachliche Antworten zu provozieren und Konflikte innerhalb einer *community* herbeizuführen oder zu verstärken.

Nicht nur die Kommunikation in einem umfassenden Sinn, sondern weitere wichtige Gebiete wie Arbeit, Bildung, Konsum, Öffentlichkeit, Politik, Mobilität, Gesundheit, Sport, Liebe, Religion, Wissenschaft, Kultur und Konflikt sind in wachsendem Maß durch Digitalisierung, Robotik, Big Data und digitale Intelligenz beeinflusst und geprägt. Die Digitalisierung führt eine Welt herauf, in der jede einzelne Information grundsätzlich an allen Orten des Globus im selben Augenblick präsent ist. Mit digitalen Mitteln lässt sich ein Börsenzusammenbruch ebenso hervorrufen wie eine humanitäre Initiative. Wahlentscheidungen können durch externe Interventionen genauso beeinflusst werden wie Kaufentscheidungen. Wellen von Massenmigration in wirtschaftlichen Krisensituationen können ebenso mit digitalen Mitteln gefördert werden wie demokratische Aufstände gegen Diktaturen. Medizinische Diagnosen lassen sich durch Big Data in einem staunenswerten Maß präzisieren, doch persönliche Freiheit und Selbstbestimmung lassen sich mit denselben Instrumenten aushöhlen. Viele schauen mit einer Mischung aus Hoffnung und Verzweiflung auf eine mögliche Integration von Digitalisierung und Neurochirurgie oder Gentechnik und sind dabei durch enorme Möglichkeiten genauso verwirrt wie durch enorme Risiken.

Solche Prozesse sind in verschiedenen Teilen des Globus von unterschiedlicher Aktualität. Die Differenzen ergeben sich aus dem unterschiedlichen Maß wirtschaftlicher und wissenschaftlich-technischer Entwicklung in den verschiedenen Regionen der Erde. Aber die Auswirkungen dieser Prozesse sind auf die eine oder andere Weise global. Wie eine technologische Disruption dieser Größenordnung in eine bewusst gestaltete gesellschaftliche Transformation eingebettet werden kann, ist deshalb eine der wichtigsten Fragen unserer Zeit. Bleibt sie unbeantwortet, wird eine unabsehbare Zahl von Menschen durch solche Prozesse abgehängt oder ausgegrenzt, nicht nur sozial, sondern auch emotional und politisch.

Besteht überhaupt die Möglichkeit zu einer solchen gesellschaftlichen Transformation? Manche Debattenbeiträge laufen darauf hinaus, dass die technologische Disruption Veränderungen in der Gestaltung des menschlichen Zusammenlebens und in unserem Bild vom Menschen nach sich zieht, die ebenfalls einen disruptiven Charakter haben. Autoren wie der US-amerikanische Futurist Ray Kurzweil oder der israelische Historiker Yuval Noah Harari erklären, dass die digitalen Technologien zusammen mit gentechnologischen Verfahren wie der Genomchirurgie das Zeitalter des Homo sapiens beenden und ein transhumanes Zeitalter eröffnen werden (vgl. Kapitel 8).

Die Vorherrschaft des Buchdrucks geht zu Ende

Um die digitale «Verwandlung der Welt» zu beschreiben, wird häufig an die These angeknüpft, das Zeitalter des Buchdrucks sei an sein Ende gekommen und habe einer grundlegend anderen Form der Kommunikation Platz gemacht. Der Medienwissenschaftler Marshall McLuhan hat die Epoche des Buchdrucks nach dessen Erfinder als Gutenberg-Galaxis bezeichnet und schon 1962 behauptet, deren Zeit sei vorbei (vgl. Grampp 2011). Warum er die Epoche des Buchdrucks als eine Galaxie, eine Ansammlung von Sternen, Gasnebeln und Dunkler Materie, bezeichnet hat, ist unklar. Er ordnete die Gutenberg-Galaxis in die Abfolge von vier Epochen ein: Mündlichkeit, Manuskript, Buchdruck und Elektronik heißen die Stichworte dafür. Der Gutenberg-Galaxis gingen nach McLuhans Auffassung also zwei Epochen voraus: Auf eine lange Phase der vorwiegend mündlichen Kommunikation folgte seit dem achten bis fünften Jahrhundert v. Chr. eine in erheblichem Maß durch die Schriftlichkeit geprägte Manuskriptkultur. Die Epochen des Buchdrucks und der elektronischen Kommunikation schlossen sich an.

Der Wunsch, Texte und Bilder zu vervielfältigen, reicht weit zurück. Solange die sprachliche Kommunikation nur mündlich möglich war, war die Reproduktion von Texten auf Gedächtnisleistung und Rezitation angewiesen. Mit der Entwicklung der Schrift wurde es möglich, sie in Manuskripten niederzulegen und durch Abschriften weiterzuverbreiten. Dafür war die Verfügbarkeit von Papier entscheidend. Dass ein Text zur Vervielfältigung nicht jedes Mal neu geschrieben werden musste, war ein wichtiger weiterer Schritt. In China, Korea und Japan begegnen seit dem sechsten Jahrhundert n. Chr. Beispiele für Holztafel- oder Blockdrucke. In Europa wurden spätestens seit dem zwölften Jahrhundert Stempeltechniken eingesetzt, die sich jedoch nur für relativ kurze Texte und niedrige Stückzahlen eigneten. In aller Regel wurden Texte weiterhin durch Abschriften vervielfältigt. Literalität war auf diejenigen beschränkt, die zu solchen mit der Hand geschriebenen oder abgeschriebenen Texten Zugang hatten. Die Mehrzahl der Menschen war weiterhin auf mündliche Kommunikation angewiesen.

Johannes Gutenbergs Verdienst erschöpfte sich nicht in seinem Interesse an beweglichen Lettern und deren technischer Verbesserung. Seine Leistung bestand darin, dass er alle Komponenten von den beweglichen Lettern bis zur Druckerpresse zusammenfügte, um Druckerzeugnisse in hoher Anzahl herstellen zu können. Dabei handelte es sich nicht nur um Texte. Von Anfang an bemühte man sich ebenso darum, Bilder zu vervielfältigen. Die Bedeutung von Gutenbergs Erfindung ließ sich schon zu seinen Lebzeiten wahrnehmen. Die zwischen 1452 und 1454 gedruckte lateinische Gutenberg-Bibel war das erste mit beweglichen Lettern hergestellte Druckwerk der westlichen Welt.

Gerade im Bereich der Religion beschränkte sich die praktische Auswirkung der neuen Technik nicht auf den Druck von Bibeln und anderen Büchern. Von großer Bedeutung waren insbesondere Flugblätter und Flugschriften, die neue Ideen schnell verbreiteten. Der Ablasshandel, ein entscheidender Auslöser für die Konflikte in der spätmittelalterlichen Kirche, wurde dadurch erheblich erleichtert, dass die Ablassbriefe, mit denen die Befreiung von Sündenstrafen gegen eine Gebühr bestätigt wurde, gedruckt und auf diese Weise in weit höherer Stückzahl verbreitet werden konnten, als dies ohne den Buchdruck möglich gewesen wäre. Alle gesellschaftlichen und politischen Veränderungen im Übergang zur frühen Neuzeit waren durch diese Medienrevolution geprägt. Ohne den Buchdruck können wir uns die reformatorischen und gegenreformatorischen Kämpfe des sechzehnten Jahrhunderts genauso wenig vorstellen wie den Ausbau des modernen Staatswesens, die Verbreitung neuzeitlicher Literatur, die Entwicklung der Wissenschaft und den Siegeszug des Kapitalismus. Die Idee der Öffentlichkeit und Gutenbergs Technologie verknüpften sich unlöslich miteinander. Für alle Bereiche der Kommunikation hatte der Buchdruck umwälzende Folgen.

Gutenbergs Erfindung wurde von Anfang an nicht nur für Bücher, sondern auch für eine Vielfalt von Kommunikationsformen des alltäglichen Bedarfs eingesetzt. Gerade wegen ihrer vielfältigen Nutzbarkeit wurde Gutenbergs komplexe Leistung

von dem US-amerikanischen Magazin *Time-Life* 1997 zur wich-
tigsten Erfindung des zweiten Jahrtausends nach Christi Ge-
burt erklärt. Konsequenterweise wurde Gutenberg selbst zwei
Jahre später durch das *A&E-Network,* einen amerikanischen
Fernsehsender für Kunst und Unterhaltung, zum «Mann des
Jahrtausends» gewählt. Man entschied sich nicht für Thomas
Newcomen, den Konstrukteur der ersten funktionsfähigen
Dampfmaschine, für Thomas Alva Edison, den Erfinder der
Glühbirne, oder für Henry Ford, der das Fließband einführte.
Man entschied sich für Johannes Gutenberg: Der Druck mit be-
weglichen Lettern wurde zur wichtigsten Erfindung des zweiten
Jahrtausends erklärt.

Dass der Buchdruck an Bedeutung verloren habe, behaup-
tete McLuhan schon 1962. Nach seiner Auffassung wurde die
Gutenberg-Galaxis durch das elektronische Zeitalter abgelöst.
Dessen Beginn datierte er auf die Erfindung der drahtlosen Te-
legrafie durch Guglielmo Marconi um 1894. Für die daran
anschließende Entwicklung wies er dem Rundfunk eine besondere Bedeutung zu. Ihren Höhepunkt erreichte sie mit
dem Fernsehen, einem «idealen Agenten globaler Vernetzung»
(Grampp 2011: 103). Da McLuhan selbst keinen mit der Bezeichnung des Buchdruckzeitalters als «Gutenberg-Galaxis»
vergleichbaren theatralischen Namen für das elektronische Zeitalter vorschlug, kam «McLuhan-Galaxis» dafür ins Spiel. Doch
dieser Vorschlag hat sich schon deshalb nicht durchgesetzt, weil
sich das elektronische Zeitalter als eine Zwischenphase erweisen sollte.

McLuhan verstand den Übergang vom Buchdruck, der den
Druck von Zeitungen und Zeitschriften einschloss, zu elektronischen Medien, insbesondere dem Fernsehen, als einen Wechsel
von der Schriftlichkeit zu globaler Mündlichkeit. Darin entdeck-
te er ein Anzeichen für eine Regression, nämlich eine erneute
Zuwendung zu den Kennzeichen früher Stammesgesellschaf-

ten. Er hielt es für möglich, dass sich mit der Krise der Schriftlichkeit ein neuer, globaler Tribalismus ausbreiten könne. Das
«globale Dorf» wurde dafür zum Symbolbegriff.

In dieser Überlegung wurde allerdings vernachlässigt, dass
die Schriftlichkeit im elektronischen Zeitalter keineswegs aus-
starb. Noch weniger hatte man aber eine neue Epoche im Blick,
in der schriftliche Kommunikation, von der Bindung an Papier
und damit von der Last des Buchdrucks befreit, einen gewalti-
gen Aufschwung erfahren würde. Doch genau das geschah.
Denn die digitale Verbreitung von Informationen jeder Art
beugt sich der Alternative von Schriftlichkeit und Mündlichkeit
nicht, sondern ist für beide Kommunikationsformen offen. Im
einen wie im anderen Fall gilt: Durch die Digitalisierung kann
eine Botschaft, die an einem Ort der Erde formuliert wird, an allen Orten wahrgenommen werden. Bücher können nicht nur
analog, sondern auch digital verbreitet werden. So wenig man
für das Zeitalter des Buchdrucks behaupten konnte, dass in ihm
die Mündlichkeit keine Rolle mehr gespielt habe, so wenig wurden schriftliche Texte in der Phase elektronischer Medien be-
deutungslos. Für das digitale Zeitalter gilt das erst recht. Texte
können im Internet in Schriftform genauso wie in gesprochener
Form verbreitet werden. Für die eine wie für die andere Kommunikationsform gilt: Ein Text, der an einem Ort des Globus
auftaucht, sei es in gesprochener oder in geschriebener Form,
kann an allen Orten in «Echtzeit» wahrgenommen werden. Das
führt allerdings, wie Neil Postman 1992 festgestellt hat, zu einer
Informationsüberlastung, in der es keine Maßstäbe dafür gibt,
«was sinnvolle, nützliche oder relevante Information ist» (Postman 1992: 61). Oder anders gewendet: Informationen, die jederzeit und überall verfügbar sind, verlieren an Bedeutung. Die
Möglichkeit, jederzeit Zugang zu Informationen zu haben, entwertet diese zugleich. Man braucht sie sich nicht zu merken und
reflektiert sie deswegen auch nicht.

Das Gefühl permanenter Beschleunigung, das sich mit dem Tempo digitaler Informationen und Kommunikationen verbindet, ruft im Gegenzug nach Verlangsamungsbemühungen. Wie Hartmut Rosa 2005 in seiner Studie über Beschleunigung gezeigt hat, kann der Veränderungsdruck ohne Momente kollektiver Beharrung und individuellen Innehaltens nicht bewältigt werden. Die Sehnsucht nach Verlangsamung kann jedoch auch zu rückwärtsgewandten ideologischen Verhärtungen führen. Technologisch motivierten Zukunftsbildern von universalistischem Anspruch treten partikulare Retrotopien entgegen, wie der Soziologe Zygmunt Bauman sie 2017, im Jahr seines Todes, beschrieben hat. Die Geborgenheit im Partikularen, auf die alle Menschen in der einen oder anderen Form angewiesen sind, wird idealisiert. Die Beheimatung in einer kulturellen Gemeinschaft wird nationalistisch übersteigert. Im heraufziehenden digitalen Zeitalter mit seiner weltweiten Verknüpfung entwickeln sich nostalgische, häufig auch nationalistische Gegenbewegungen. Eine solche vielerorts zu beobachtende «Nostalgie-Epidemie» ist, wie die amerikanische Literaturwissenschaftlerin Svetlana Boym es formuliert hat, ein «schmachtendes Verlangen nach Gemeinschaftlichkeit und gemeinsamer Vergangenheit», eine «verzweifelte Sehnsucht nach Kontinuität in einer fragmentierten Welt» (Boym 2001: XIV; 2007: 4).

Doch eine nostalgische Retrotopie ist kein Weg zur verantwortlichen Gestaltung der Zukunft. Dafür bedarf es einer Haltung der Zuversicht, des Respekts vor der gleichen Würde jedes Menschen und – wenn möglich – der Ehrfurcht vor dem Heiligen. Eine solche Haltung wird in der christlichen Tradition als Zusammenklang von Glauben, Hoffnung und Liebe beschrieben. Inmitten aller religiösen und weltanschaulichen Pluralität hat dieser Dreiklang einen bleibenden Rang. Aber die christliche Tradition steht im Blick auf die Verantwortung für die Zukunft nicht allein. Auf verschiedenen Wegen gewinnen Menschen heute einen Zugang zu einem universalistischen Ethos, das die gleiche Würde jedes Menschen achtet und sich deshalb der Rettung der Natur wie der menschlichen Lebenswelt verpflichtet weiß. Die digitale Transformation und deren Auswirkungen erweisen sich als neue Prüfsteine für ein solches Ethos.

Wann beginnt das digitale Zeitalter?

Die Digitalisierung hat die menschliche Kommunikation in vergleichbarer Geschwindigkeit und mit mindestens so gravierenden Folgen verändert wie der Druck mit beweglichen Lettern. Erste mechanische Rechenmaschinen entstanden im siebzehnten Jahrhundert. Von Johannes Kepler angeregt, entwickelte der Tübinger Theologieprofessor Wilhelm Schickhard im Sommer 1623 eine Maschine, die aus elf vollständigen und sechs unvollständigen Zahnrädern bestand, und «mit gegebenen Zahlen sofort selbständig rechnet, sie addiert, subtrahiert, multipliziert und dividiert» (Krull 1992). Schickhards Erfindung geriet allerdings bald in Vergessenheit. Ein Original seiner Maschine ist bisher nicht aufgetaucht, nur eine Zeichnung ist erhalten. Bis zur Wiederentdeckung von Schickhard galt deshalb der französische Philosoph Blaise Pascal als der Erfinder der ersten Rechenmaschine. Das später «Pascaline» genannte Gerät arbeitete mit Zahnrädern und Sperrklinken. Ein Prototyp dieses Geräts wurde 1645 vorgestellt. Gottfried Wilhelm Leibniz präsentierte 1673 seine Staffelwalzen-Maschine in der Londoner Royal Society. Die damit verbundene Absicht erläuterte Leibniz mit einfachen Worten: «Es ist unwürdig, die Zeit von hervorragenden Leuten mit knechtischen Rechenarbeiten zu verschwenden, weil bei Einsatz einer Maschine auch der Einfältigste die Ergebnisse sicher hinschreiben kann.» Etwas genauer drückte sich

Blaise Pascals Schwester, Gilberte Périer, angesichts der Erfindung ihres neunzehnjährigen Bruders aus: «Mit dieser arithmetischen Maschine lassen sich nicht nur alle Arten von Rechnungen ohne Feder und Rechenmarken durchführen, sondern sogar, ohne irgendeine Regel der Arithmetik zu kennen, und zwar mit einer unfehlbaren Sicherheit. Dieses Werk ist als eine in der Natur neuartige Sache angesehen worden, da es eine Wissenschaft, die ganz allein dem Geist innewohnt, auf einen Mechanismus übertrug und dadurch ein Instrument ergab, das alle Operationen mit völliger Sicherheit durchzuführen vermag, ohne der vernünftigen Überlegung zu bedürfen.» (Blumenberg 2009: 46 f.)

Bis ins zwanzigste Jahrhundert hinein wurden zahlreiche weitere mechanische Rechenmaschinen erfunden und seit dem neunzehnten Jahrhundert auch seriell produziert. Ihr Ende kam mit elektronischen Maschinen, die alle Informationen in binäre Codes übersetzten. 1935 stellte IBM eine Lochkartenmaschine vor, die eine Multiplikation pro Sekunde durchführen konnte, und 1938 präsentierte Konrad Zuse seinen frei programmierbaren mechanischen Rechner. In dieser Zeit, 1936, veröffentlichte Alan Turing einen bahnbrechenden Aufsatz zur «Turing-Maschine», in dem er das Prinzip des universellen Computers auf der Basis von Algorithmen beschrieb. Im Blick auf diese Anfänge bezeichnen manche das digitale Zeitalter als die Turing-Galaxis. Turings Modell besagte in den Worten von Max Tegmark: «Falls ein Computertyp ein bestimmtes absolutes Minimum an Operationen durchführen kann, dann ist er insofern *universell,* als er – ausgestattet mit genügend Kapazitäten – alles tun kann, was jeder *beliebige* andere Computer tun kann.» (Tegmark 2019: 101) Dies war das Prinzip der Turing-Maschine und die Grundlage der «Turing-Galaxis».

Zur Zeit von Turings Überlegungen ging man davon aus, dass Computer nur in geringer Zahl für Experten gebaut würden, die über ausgeprägte Programmier- und Anwendungskenntnisse verfügen. Dem IBM-Chef Thomas J. Watson wird die auf das Jahr 1943 datierte Fehlprognose zugeschrieben, nach welcher der gesamte Weltmarkt einen Bedarf von vielleicht fünf Computern haben werde. Diese Zahl wurde sehr schnell überschritten, denn nach dem Ende des Zweiten Weltkriegs beschleunigte sich die Entwicklung der Computertechnik. Die Systemkonkurrenz zwischen Ost und West verstärkte diese Dynamik. Zentrale Bedeutung kam schon damals dem seit 1971 sogenannten Silicon Valley im Süden von San Francisco zu, in dem wichtige Teile der US-amerikanischen Rüstungsindustrie angesiedelt waren. Die Digitalindustrie bildete ein entscheidendes Segment des militärisch-industriell-wissenschaftlichen Komplexes jener Zeit. Der Staat förderte diese Vorhaben, weil er sich davon einen erheblichen Vorsprung in der Ost-West-Konkurrenz erhoffte. «Am Anfang der Digitalisierung steht also der Staat, nicht die berühmten kalifornischen Tüftler, die von Vorortgaragen aus Weltkonzerne errichteten.» (Staab 2020: 907) Die staatliche Förderung aus militärischem Interesse verband sich mit der Begeisterung für technologische Innovationen und deren wirtschaftliche Verwertung.

Eine grundlegende Veränderung trat ein, als Anfang der siebziger Jahre des zwanzigsten Jahrhunderts Mikroprozessoren entwickelt und auf dieser Grundlage Personal Computer geschaffen wurden, die mit schreibmaschinenähnlichen Tastaturen und Bildschirmen ausgestattet waren. Deren Leistungsfähigkeit steigerte sich exponentiell. Verantwortlich dafür war das Tempo, in dem Mikrochips kleiner und billiger wurden. Entsprechend erweiterte sich die Leistungsfähigkeit der Personal Computer, so dass sie neben der Textverarbeitung und Tabellenkalkulation durch den Zugang zu Computerspielen und Medien an Attraktivität gewannen. Schließlich wurde die Einsatzfähigkeit durch die Verbreitung des Internets revolutioniert. Denn dadurch konnten nicht nur Großrechner miteinander vernetzt werden; vielmehr wurde ab 1989 die Vernetzung für alle Computernutzer möglich. Zugleich wurden die Geräte in erstaunlichem Tempo miniaturisiert. Die Einführung des Internets für alle wird deshalb von manchen als der Durchbruch zum digitalen Zeitalter betrachtet, das deshalb auch als Internet-Zeitalter bezeichnet wird.

Während Großrechner zunächst nur dem Militär sowie großen Wirtschaftsunternehmen und Forschungseinrichtungen zur Verfügung standen, wurde die Nutzung von Computern durch die technologische Entwicklung breiteren Kreisen der Bevölkerung zugänglich – vorausgesetzt, sie verfügten über die technische Fähigkeit, sie zu benutzen, und die finanzielle Möglichkeit, sie zu bezahlen. Seit digitale Instrumente als Laptops, Tablets und Smartphones miniaturisiert und durch Massenproduktion für große Teile der Weltbevölkerung erschwinglich geworden sind, hat sich der Siegeszug der digitalen Kommunikation in einem erstaunlichen Tempo vollzogen. Die Zahl derer, die diese Technologie nutzen können, ist in allen Teilen der Welt in einem Tempo gewachsen, das niemand vorauszusagen gewagt hätte. Dennoch gibt es nach wie vor Gründe dafür, einen *digital gap* – also eine Kluft zwischen den Teilhabern an der digitalen Revolution und den von ihr Ausgeschlossenen – zu beklagen. So spiegelt sich die Kluft zwischen Reich und Arm auch heute noch im Zugang zu digitalen Techniken und in der Art ihres Gebrauchs. Früh schon wurde zudem kritisiert, dass die Konzentration auf Computer zu einem unreflektierten Vorrang der instrumentellen Vernunft führe. Dadurch werde die Welt nach dem Bild des Computers gedeutet und das Bild des Menschen der Logik der Maschine unterworfen (Weizenbaum 1977: 9, 54, 178; Sarasin 2021: 266).

Doch zugleich ist die Digitalisierung in die soziokulturelle Entwicklung der Moderne eingebettet. Sie reagiert auf politische wie wirtschaftliche Machtsteigerung und bietet neue Möglichkeiten, differenzierte Arbeitsformen zu fördern und individualisierten Lebensstilen Ausdruck zu verleihen. Für die von dem bedeutenden amerikanischen Soziologen Robert Bellah bereits 1985 beschriebene Lebensform des expressiven Individualismus stellt die Digitalisierung neue Gestaltungsformen zur Verfügung (Bellah 1987: 58 f.). Ohne diese gesellschaftliche Tendenz lässt sich der Siegeszug von Facebook kaum erklären. Ohne die damit verbundene Neigung zu kollektivem Narzissmus wäre die ausgeprägte Selfiekultur nur schwer zu verstehen (Höhne 2019: 27).

Der Siegeszug der Digitalisierung begann damit, dass Daten, die bis dahin analog aufbewahrt und verbreitet wurden, digital gespeichert und weitergeleitet werden konnten. Doch diese Funktion wurde bald ergänzt und weithin überlagert durch die Bildung von Plattformen, auf denen ein dezentraler und vielstimmiger wechselseitiger Austausch möglich ist. Das hat zu der optimistischen Bezeichnung dieser neuen Möglichkeiten als «soziale Medien» geführt. Doch der soziale Charakter der digitalen Kommunikation ist äußerst zwiespältig. Deshalb wird in diesem Buch durchgängig von digitalen Medien und Netzwerken gesprochen. Zugleich muss im Blick bleiben, dass die Informationen, die in dieser neuen Form der Kommunikation verfügbar gemacht werden, durch die Plattformen selbst mit Hilfe von Algorithmen ausgewertet und vielfältig genutzt werden. Menschliches Handeln wird dadurch überprüfbar und berechenbar gemacht. Viele Menschen akzeptieren diese Überprüfung, soweit sie im Bereich der digitalen Instrumente verbleibt. Wer im Internet einkauft, weiß, dass seine Einkäufe gespeichert werden, so dass er anschließend einer gezielten, personalisierten Werbung ausgesetzt sein kann, in der sich sein Einkaufsverhalten spiegelt. In Supermärkten dagegen würde man eine vergleichbare Transparenz des Kaufverhaltens nicht akzeptieren.

Große Supermarktketten haben deshalb den Plan aufgegeben, durch Kameras aufnehmen zu lassen, wo die Kunden sich besonders lange aufhalten oder besonders viel kaufen. Was man im Internet klaglos akzeptiert, möchte man in der analogen Welt nicht über sich ergehen lassen.

Unabhängig davon, wie lange diese Unterscheidung Bestand behält, wird der Mensch mit seinen Regungen und Vorlieben, seinen Entscheidungen und Irrtümern in einem vorher undenkbaren Ausmaß transparent. Wenn die US-amerikanische Sicherheitsbehörde NSA solche persönlichen Daten registriert, gilt das in Europa als empörend, wenn die eigene Regierung oder der regelmäßig frequentierte Supermarkt das tut, wird das in Deutschland als Verstoß gegen den Schutz der Privatsphäre und der informationellen Selbstbestimmung angesehen. Wenn jedoch Google oder Facebook dergleichen tun, schütteln die Nutzerinnen und Nutzer allenfalls den Kopf, unternehmen aber nichts dagegen, weil die Vorteile dieser Art von Vernetzung nach einer verbreiteten Einschätzung die Grundrechtseinbußen so eindeutig überwiegen, dass die Nutzenden sich mit den Eingriffen in die Privatsphäre einfach abfinden, ja sie noch verstärken – und sei es nur zu dem Zweck, das verlegte oder verlorene Smartphone wiederzufinden. Indem sie die mittels des Computers angebotenen Dienste in Anspruch nehmen, stellen sie zugleich ihre Daten als Material zur Verfügung, das weiter reichenden Zwecken dienen kann, sei es für personalisierte Werbung oder für verbesserte Übersetzungsdienste. Die Nutzenden praktizieren eine Doppelrolle als Konsumenten und Produkt – sie sind «Prosumenten».

Während die Vorstellung von digitalen beziehungsweise «sozialen» Medien noch dadurch geprägt ist, dass Menschen in ihnen miteinander kommunizieren, zielt eine weitere Entwicklungsstufe der Digitalisierung darauf, dass auch Dinge miteinander vernetzt werden. Das «Internet der Dinge» verknüpft

Maschinen unmittelbar miteinander. Der Kühlschrank erkennt selbst, dass die Milch fehlt, und bestellt Nachschub.

Die elektronische Epoche, die McLuhan noch als eine der Gutenberg-Galaxis vergleichbare Kommunikationsepoche ansah, hat sich sehr schnell in eine weitere Revolution medialer Kommunikation eingefügt. Aus heutiger Sicht haben nicht Fernsehen und andere elektronische Medien das Zeitalter Johannes Gutenbergs abgelöst. Das geschah vielmehr durch die digitale Revolution. Für wie viele Jahrhunderte des neuen Jahrtausends dieser Wandel prägend sein wird, wissen wir nicht.

Wir ahnen nicht, was das noch junge dritte Jahrtausend nach Christi Geburt alles bringen wird. Aber wir sehen bereits, dass der Wandel durch die Digitalisierung von einer vergleichbaren Größenordnung ist wie der Wandel durch den Buchdruck. Wir erleben gegenwärtig einen Gutenberg-Effekt. Wir wissen nicht, wann dieser durch einen noch weiter reichenden Effekt überholt wird. Das aber ist auch das Einzige, was uns daran hindert, im Blick auf die Digitalisierung von einem Jahrtausendereignis zu sprechen. Ihre Dynamik wird besonders anschaulich durch das Moore'sche Gesetz beschrieben, das von Gordon Moore, einem der Gründer der Chipfirma Intel, bereits im April 1965 formuliert wurde. Ihm zufolge verdoppelt sich alle 18 bis 24 Monate die Zahl der Transistoren, also der elektronischen Schaltelemente in einem integrierten Schaltkreis. Im Lauf von zwanzig Jahren vermehrt sich auf diese Weise die Rechenleistung um das Tausendfache. Ein Smartphone von heute ist annähernd so leistungsfähig wie ein Supercomputer vor fünfundzwanzig Jahren (Eberl 2017: 47 ff.). Was damals nur den Benutzern einer Handvoll von Supercomputern zugänglich war, tragen inzwischen Milliarden von Menschen Tag für Tag bei sich – und benutzen es Stunde für Stunde.

2. ZWISCHEN EUPHORIE UND APOKALYPSE

Digitalisierung. Einfach. Machen.

Die Frage nach dem Tempo und der Richtung der mit der Digitalisierung ermöglichten Innovationen beschäftigt viele Menschen und bestimmt viele Diskussionen. Auf der Cebit 2016, der damals noch existierenden Messe für Informationstechnologie in Hannover, trug ein Bus die Aufschrift: «52% glauben nicht, dass Digitalisierung den Wettbewerb verändert. 48% verändern den Wettbewerb. Digitalisierung. Einfach. Machen.» Der suggestiven Kraft dieser einfachen Rechnung kann man sich nur schwer entziehen: Nur durch die Entschlossenheit zum Handeln überwinde man bestehende Bedenken. Es komme nicht darauf an, Vorteile und Nachteile, Chancen und Risiken abzuwägen. Vielmehr müsse man jetzt der Digitalisierung wie einer Naturgewalt ihren Lauf lassen.

Bei solchen Überlegungen erscheint die Digitalisierung nicht als ein Prozess, in dem technologische Innovationen gesellschaftlich gestaltet werden. Sie trägt eher den Charakter eines Naturereignisses, das man geschehen lassen muss – etwa eines Wasserfalls: So schnell wie sein herabstürzendes Wasser nimmt die aktuelle Entwicklung ihren Lauf. Vielleicht passt der Vergleich mit einem Erdbeben noch besser. Man kann ihm keinen Einhalt gebieten, sondern muss versuchen, selbst irgendwie auf den Beinen zu bleiben. Die verbreitete Rede vom disruptiven

Charakter der Digitalisierung weist in die gleiche Richtung. Die überraschende Geschwindigkeit, mit der die Nutzung digitaler Instrumente während der Covid-19-Pandemie zunahm, ist ein anschauliches Beispiel. Allerorten kann man die Absicht spüren, bei der digitalen Entwicklung Vollgas zu geben. Wer jetzt den Anschluss verpasst, so heißt eine verbreitete Auffassung, wird es schwer haben, noch einmal aufzuholen.

Für eine Erhöhung des Tempos sprechen starke Gründe der Wettbewerbsfähigkeit. Dieses Argument ist ethisch keineswegs neutral. Denn ein wichtiges ethisches Kriterium für wirtschaftliches Handeln liegt in der mit ihm verbundenen Zukunftsfähigkeit. Leitungsverantwortung in der Wirtschaft bewährt sich darin, dass Unternehmen erhalten und weiterentwickelt werden. Das ist ohne Wettbewerbsfähigkeit nicht möglich. Die verbreitete Auffassung, Wettbewerbsfähigkeit sei ein rein wirtschaftlicher Wert, der ethisch ohne Bedeutung sei, trifft nicht zu. Vielmehr gehört es zum verantwortlichen wirtschaftlichen Leitungshandeln, sich am Markt zu bewähren und den Anspruchsgruppen gerecht zu werden, mit denen ein Unternehmen zu tun hat: den Mitarbeitenden, den Kunden, den wirtschaftlichen Partnern, den Anteilseignern, dem gesellschaftlichen Umfeld. Wettbewerbsfähig wird in der globalisierten Wirtschaft nur sein, wer die mit der Digitalisierung verbundenen Wertschöpfungschancen rechtzeitig nutzt.

Gestützt wird der Vorschlag «Digitalisierung. Einfach. Machen» durch die vermeintliche Erfahrung, dass technologische Innovationen auch in die Tat umgesetzt werden. «Was technisch möglich ist, wird gemacht», heißt eine oft zu hörende Aussage. Sie hat allerdings ihre Selbstverständlichkeit eingebüßt. Beschränkungen in der Nutzung von bestimmten Technologien gelten in Deutschland inzwischen weithin als legitim. Das gilt nicht nur, wenn sie veraltet sind, sondern auch, wenn ihr Rohstoffbedarf oder die mit ihnen verbundenen Emissionen nicht zu verantworten sind. Doch im Fall der Digitalisierung scheint die Frage nach den Grenzen der Nutzung noch weithin unklar zu sein. Gibt es dafür Kriterien? Gehören der Respekt vor der Würde des Menschen, aber auch Nachhaltigkeit und Zukunftsfähigkeit zu ihnen?

Euphorie

Dramatische Veränderungen werden in aller Regel aus drei divergierenden Perspektiven betrachtet: Euphorie, Apokalypse, Verantwortung.

Die euphorische Perspektive ist durch die Annahme bestimmt, dass jede Veränderung zu Besserem führt. Der mit ihr verbundene technologische Optimismus kann so weit gehen, dass man mit dem Eintreten einer neuen Art von «Singularität» rechnet. Die Karriere dieses Begriffs hat ihren Ursprung in der Urknall-Theorie. Seit man entdeckt hatte, dass das Universum ständig expandiert, sah man sich vor der Notwendigkeit anzunehmen, dass die Galaxien zu einem bestimmten Zeitpunkt unvorstellbar eng zusammenstanden und es in diesem Sinn einen Anfang des Universums gab, den man sogar zu datieren wagte. Vor 13,8 Milliarden Jahren wird dieser Anfang angenommen, der metaphorisch «Urknall» genannt wird. Weniger anschaulich wird er als Singularität bezeichnet. Singularität, also Einmaligkeit, kommt ihm deshalb zu, weil man sich nicht vorzustellen und deshalb auch nicht zu beschreiben vermag, was vor dem Zustand war, in dem das Universum sich zu einem kleinsten Punkt zusammenzog. Der Physiker Stephen Hawking hat diese Singularität deshalb mit dem Anfang der Zeit gleichgesetzt. Dafür, was vor diesem Anfang der Zeit war, fehlen uns bisher die Kategorien.

Mit einer vergleichbaren Singularität rechnen heute manche

im Blick auf die Weiterentwicklung der digitalen Techniken hin zu einem Zustand, in dem Maschinen sich nicht nur selbst perfektionieren, sondern zugleich ein Leben hervorbringen können, das alles Bisherige hinter sich lässt, die bisherige Existenzform der Menschen eingeschlossen. Um eine Singularität handelt es sich in diesem Fall, weil man sich nicht vorstellen und nicht beschreiben kann, was nach diesem Zeitpunkt vor sich gehen wird. Nur eine unbestimmte Hoffnung kann sich mit dieser Perspektive verbinden. Der Technosoph Ray Kurzweil nimmt in diesem Zusammenhang an, dass mit der Singularität die Endlichkeit des menschlichen Lebens überwunden wird. Manche verbinden dies mit der Vorstellung von einer neuen Gattung mit gottgleichem Status.

Apokalypse

Der euphorischen Erwartung tritt die apokalyptische entgegen. Was für die Euphoriker eine greifbar nahe rückende Erfüllung einer Wunschvorstellung, eine positiv besetzte Utopie, ist, verstehen die Apokalyptiker als Dystopie, als Schreckensvision. Sie verweisen auf die mit neuen Technologien verbundenen Gefahren, denen sie im schlimmsten Fall katastrophische Auswirkungen unterstellen. Unter den apokalyptischen Bildern wird gern das Bild vom Turmbau zu Babel hervorgehoben. Dessen Beliebtheit mag damit zusammenhängen, dass der Turmbau zu Babel nach der biblischen Erzählung nicht zum Ende der Welt als solcher, sondern nur zum Ende der Welt als einer Kommunikationsgemeinschaft führt. Die Menschen verfügen über keine gemeinsame Sprache mehr und sind über die ganze Welt zerstreut (1. Mose 11,9). Paradigmatisch erklärt Werner Thiede in einer Streitschrift zur Digitalisierung, der «digitale Turmbau zu Babel» sei «ein realutopisches Projekt, in dem sich die menschliche Grundsünde exorbitant darstellt und auswirkt» (Thiede 2015: 23). Auf diese Weise wird der Turmbau zu Babel endzeitlich interpretiert. Defizite in der digitalen Kommunikation erhalten dadurch den Anschein des Unveränderlichen. Der Digitalisierung eignen in dieser Perspektive unabweisbar totalitäre Tendenzen, das Internet etabliert ein System umfassender Überwachung. Die Nutzung digitaler Medien führt unweigerlich zu digitaler Demenz (Höhne 2019: 35).

Wer auf diese Weise die technische Entwicklung in apokalyptischen Farben malt, verkennt leicht, dass er dabei den Fortschrittsoptimismus einfach umkehrt und das vermeintlich Bessere in die Vergangenheit verlagert. Apokalyptische Szenarien können sich auf diese Weise mit einer Idealisierung der Vergangenheit verbinden, die über deren begründete Wertschätzung unter Umständen erheblich hinausgeht. Im äußersten Fall mündet das in schroffe Diastasen zwischen Gut und Böse, Rettung und Verdammnis, Freund und Feind.

Verantwortungsethik

Euphorischer Fortschrittsglaube und apokalyptische Untergangsszenarien sind zwei Formen innerweltlicher Eschatologie. In ihr wird das Ende der Geschichte im Guten oder im Bösen mit menschlichem Handeln in Verbindung gebracht. Im Unterschied zu der anfänglichen Singularität, aus der das sich ausdehnende Universum hervortrat, ist die endzeitliche Singularität in dieser Betrachtungsweise ein durch menschliches Handeln herbeigeführtes Geschehen, das bei euphorischer Betrachtung eine menschengemachte Unsterblichkeit und bei apokalyptischer Betrachtung einen menschengemachten Untergang zur Folge hat. Im Unterschied zu einer solchen anthropozentrischen Eschatologie unterscheidet eine religiöse Eschatologie zwischen einem Ende der Geschichte, das Gott vorbehalten ist, und der Verantwortung des Menschen innerhalb der geschichtlichen Zeit. Diese Verantwortung richtet sich darauf, das Gegebene zu bewahren und Neues zu ermöglichen. Die Unterscheidung zwischen der Geschichtszeit und dem unverfügbaren Ende der Geschichte hält somit zu geschichtlicher Verantwortung an, die auf dem Weg zu neuen Möglichkeiten Chancen und Risiken gleichermaßen in den Blick nimmt.

Für eine solche Verantwortungsethik ist zuallererst die Unterscheidung zwischen Letztem und Vorletztem von maßgeblicher Bedeutung, die von Dietrich Bonhoeffer beispielhaft herausgearbeitet wurde (Bonhoeffer 1992: 137–162). Diese Unterscheidung bewahrt vor der menschlichen Anmaßung, den Kosmos oder auch nur die Menschheitsgeschichte kraft eigener Machtvollkommenheit vollenden zu wollen. Sie verpflichtet vielmehr dazu, die dem Menschen anvertrauten Möglichkeiten für die Bewahrung und Förderung der Menschheit wie der nichtmenschlichen Natur einzusetzen. Sie antwortet auf die Gabe des Lebens wie auf das Angebot der Freiheit und trägt darin responsorischen Charakter (Niebuhr 1978: 55–68). In responsorischer Verantwortung kommt somit zur Geltung, dass sich das menschliche Leben in Beziehungen vollzieht, unter denen die Beziehungen zu Gott, zur Lebenswelt, zu den Mitmenschen und zu sich selbst hervorgehobene Bedeutung haben.

In einer solchen Verantwortungsethik lassen sich ethische Perspektiven miteinander verbinden, die in der Regel als die Aspekte des *Rechten* und des *Guten* voneinander unterschieden werden. Eine Pflichtethik geht von einem Vorrang des Rechten aus und bezieht sich deshalb auf diejenige Verantwortung, zu der Menschen im Blick auf jeden anderen Menschen in gleicher Weise verpflichtet sind. Demgemäß konzentriert sie sich auf Prinzipien und Normen, die ihrem Inhalt nach allgemeine Geltung beanspruchen können. Güter- oder Wertethiken beziehen sich dagegen auf Ziele und Werte, die als Aspekte eines guten, auf Gelingen angelegten Lebens betrachtet werden. Jürgen Habermas hat diese beiden Sichtweisen als moralischen und ethischen Gebrauch der praktischen Vernunft bezeichnet (Habermas 1991). Er hat dabei in Kauf genommen, dass der Begriff der Ethik sich aufspaltet: Zum einen wird damit die Reflexion über verantwortbares Handeln insgesamt bezeichnet; zum andern wird der Begriff der Ethik oder des Ethischen auf das Gute im Unterschied zum Rechten eingeschränkt. Diese Doppeldeutigkeit ist unbefriedigend und führt immer wieder zu Unklarheiten. Deshalb sollte man die Unterscheidung zwischen dem Rechten und dem Guten nicht mit derjenigen von Moral und Ethik gleichsetzen. Die problematische Terminologie verbindet sich bei Habermas damit, dass er einen generellen Vorrang des Rechten vor dem Guten behauptet. Er sieht die wesentliche Aufgabe der Reflexion über menschliches Handeln darin, die Maximen dieses Handelns auf ihre Verallgemeinerungsfähigkeit zu prüfen. Rechtfertigungsfähig sind sie dann, wenn sie für alle potentiellen Akteure in gleicher Weise gültig sein können. Das Rechte bildet den Maßstab für die Verallgemeinerungsfähigkeit moralischer Normen.

Mit einer solchen Orientierung am Rechten kann man sich nur begnügen, wenn man allein die Normen, nicht dagegen das Handeln im Blick hat. Vor allem Hans Joas hat, Anregungen aus dem amerikanischen Pragmatismus aufnehmend, den unentbehrlichen Zusammenhang zwischen beiden Perspektiven herausgearbeitet (Joas 1997: 265–274). Damit Menschen zum Handeln bereit sind, brauchen sie Werte oder Ziele, die sie zum Handeln motivieren und Kreativität ermöglichen. Diese sind nicht immer in einem unmittelbaren Sinn verallgemeinerungsfähig. Sie haben mit der persönlichen Identität, dem Professionsethos eines Berufs, den Wertvorstellungen einer Gruppe, den Lebensorientierungen einer Religion, den Zielen einer Gemeinschaft zu tun. Zwar bedarf das Handeln der Orientierung an einem «Normenraster» ebenso wie der Bezugnahme auf persönliche Ziele oder gemeinschaftliche Vorstellungen von Wünschenswertem. Dabei dienen kollektiv verbindliche Normen vorrangig zur Prüfung der Frage, welche individuellen oder gemeinsamen Zielsetzungen mit ihnen vereinbar sind und welche ihnen widersprechen. Doch die Aufgaben der Ethik beschränken sich nicht darauf, Prüfkriterien und Prüfverfahren zur Verständigung über moralische Normen zu entwickeln. Genauso wichtig ist die Beschäftigung mit den Motiven für moralisches Handeln und mit den Werten, die Menschen dazu veranlassen können, auch gegen Widerstand an dem als vorzugswürdig Erkannten festzuhalten. Die Ethik kann sich nicht nur auf kategorische Urteile stützen. Sie muss auch das Risiko zu hypothetischen Urteilen auf sich nehmen, in denen die Vorzugswürdigkeit bestimmter Handlungsweisen unter gegebenen Bedingungen begründet wird. Sie kann auch nicht einen generellen Vorrang des Rechten vor dem Guten behaupten; denn keine der beiden Perspektiven ist für ethisch verantwortetes Handeln entbehrlich; in der ethischen Urteilsbildung muss zwischen ihnen ein Gleichgewicht gesucht werden (Joas 1997: 270).

Schließlich muss auch die pragmatische Dimension der Ethik in den Blick treten. Sie bezieht sich auf die Verständigung über die Mittel und Wege, mit denen moralische Normen eingehalten und gemeinschaftlich anerkannte Ziele und Werte gefördert werden. In diesen Bereich gehören auch politische Aushandlungsprozesse, in denen konkurrierende Interessen und pragmatische Überlegungen zu Kompromissen verarbeitet werden. Deren Tragfähigkeit ist immer wieder an gemeinsam anerkannten Zielen und Werten sowie an moralischen Prinzipien und Normen zu überprüfen.

Bei ethischen Überlegungen geht es stets um einen Übergang vom Schlechteren zum Besseren. Die Vermeidung unerwünschter Nebenfolgen bedarf der Auswahl aus einer größeren Zahl möglicher Optionen. Solche Überlegungen setzen auf die mit technologischen Entwicklungen verbundenen Fortschritte, suchen jedoch negative Auswirkungen zu minimieren. Die Nutzung neuer technischer Möglichkeiten wird deshalb an das Prinzip vorausschauender Vorsicht – das *precautionary principle* – gebunden. Dieses von dem Philosophen Hans Jonas entwickelte und insbesondere im Bereich der Umweltethik angewandte verantwortungsethische Prinzip muss auch für den Bereich der Digitaltechniken zur Geltung gebracht werden.

Euphoriker und Apokalyptiker verbindet die Haltung des Alles oder Nichts. Ihre Energie speist sich aus der Leidenschaft, etwas ganz oder gar nicht zu wollen. Eine verantwortungsethische Position ist demgegenüber durch Abwägung geprägt. Sie muss mögliche Folgen bedenken, ohne im Blick auf die Zukunft mit absoluten Gewissheiten aufwarten zu können. Sie muss solche Folgen selbst dann in die Entscheidung einbeziehen, wenn sie nicht mit letzter Sicherheit vorausgesagt werden können.

Das vorausschauende Bedenken möglicher Folgen braucht Zeit. Im Blick auf die Digitalisierung wird jedoch argumentiert, gerade in Deutschland, aber auch in der Europäischen Union sei durch Zögern bereits zu viel Zeit verloren gegangen. Man müsse schneller vorangehen und auf mögliche Probleme weniger Rücksicht nehmen. Die Digitalisierung wird aus guten Gründen als politisches Schlüsselprojekt betrachtet. Beträchtliche Geldsummen werden aufgeboten, mit denen technische Innovationen und deren Umsetzung vorangetrieben werden sollen. Die Verantwortung darf dabei nicht auf der Strecke bleiben, sondern muss sich als die maßgebliche Triebfeder erweisen.

Der Mensch als Subjekt der Ethik

Das entscheidende Kriterium für digitale Entwicklungen muss unter ethischen Gesichtspunkten darin bestehen, dass Menschen sich dafür verantwortlich wissen, was technische Instrumente in ihrem Auftrag bewirken. Diese klare Zuweisung der Verantwortung an den Menschen als ethisches Subjekt muss zugleich die Fehleranfälligkeit menschlicher Entscheidungen und Handlungen im Blick haben. Ethisch betrachtet geht es nicht nur um die Erweiterung der Reichweite menschlichen Handelns, sondern auch um die Vermeidung von Fehlern sowie das Unterlassen unverantwortlichen Handelns.

Dabei kann die Digitalisierung durchaus eine positive Rolle spielen. In allen Bereichen der Mobilität beispielsweise ist es zu begrüßen, wenn Sicherheitssysteme weiter verbessert werden. Doch selbst wenn – durch bewusste menschliche Entscheidung – zusätzliche technische Sicherungen eingebaut würden, bliebe es dabei, dass es sich um Instrumente handelt, die im Rahmen menschlicher Verantwortung eingesetzt werden. Man kann nicht auf der einen Seite menschliche Autonomie und Selbstbestimmung ganz nah an die unantastbare Würde des Menschen heranrücken und auf der anderen Seite Maschinen als solchen Autonomie und Selbstbestimmung zuerkennen. Wie an späterer Stelle noch ausführlicher zu erörtern ist, gehört der Begriff der Autonomie auf die Seite des Menschen, nicht auf die Seite der Technik (vgl. Kapitel 7).

Die Alternative zu einer Auffassung, der zufolge die Autonomie vom Menschen auf die Technik übergeht, besteht darin, der Technik die Funktion einer «intelligenten Assistenz» zuzuweisen. Ebenso wie die Nutzung von verbesserten Sicherheitssystemen im Verkehr sollte die verstärkte Einführung von Robotik in

Produktion und Dienstleistung an einer solchen Vorstellung orientiert und somit an menschliche Verantwortung rückgebunden werden. Dass bestimmte Arbeitsgänge von Robotern präziser, schneller, ausdauernder durchgeführt werden können als von Menschen, braucht die Herrschaft der Menschen über diese Arbeiten nicht in Frage zu stellen.

Die Entwicklung digitaler Techniken wird schon seit geraumer Zeit von der Debatte darüber begleitet, was geschieht, wenn die «Künstliche Intelligenz» derjenigen des Menschen überlegen sein wird. Diese Debatte sollte jedoch nicht als Anknüpfungspunkt für apokalyptische Szenarien dienen, wie sie etwa Stephen Hawking in seinem letzten Buch ausgemalt hat (Hawking 2020: 210 f.). Plausibler ist die Frage, wie Menschen auf künftigen Entwicklungsstufen der «Künstlichen Intelligenz» die Herrschaft über diese behalten und sie im Sinn einer «intelligenten Assistenz» nutzen können. Das setzt Verstehbarkeit und Transparenz voraus. Nur dann lässt sich der Einsatz von Assistenzsystemen beeinflussen. Ein digital gesteuertes System muss so programmiert sein, dass es durch menschliche Aufsicht korrigiert werden kann (Dafoe 2018: 29 f.). Dieses Kriterium ist aus der Alltagserfahrung vertraut. Nur wer in die Nutzung eines technischen Geräts eingreifen kann, vermag bei dessen Gebrauch eigene Zielsetzungen zur Geltung zu bringen. Nur wer selbst darüber verfügt, wann er technische Instrumente einsetzt und wann nicht, behält die Herrschaft über sie. Ob ein digital gesteuerter Vorgang unterbrochen werden kann, ist ein wichtiges Kriterium im Verhältnis zwischen Mensch und Technik.

Die Herrschaft des Menschen über seine Werkzeuge schließt die Verantwortung für die Zwecke ein, denen sie dienen sollen. Die Vorgänge um manipulierte Abgaswerte im Volkswagenkonzern haben das beispielhaft gezeigt. Menschen können Computer darauf programmieren, dass sie ihre Umwelt täuschen. Es muss nur jemand auf die Idee kommen, es ihnen beizubringen. Von da an ist das Lügen automatisiert. Es wird an den Computer delegiert und erscheint nicht mehr als Handlung desjenigen, der den Auftrag dazu gegeben hat. Verantwortung dafür entsteht erst wieder, wenn die Irreführung aufgedeckt wird und sich die Frage stellt, wer für sie verantwortlich war. In solchen Vorgängen zeigt sich eine neue Variante der Entkoppelung von Freiheit und Verantwortung, die sich schon als ethisches Kernproblem der Finanzmarktkrise von 2008 erwiesen hat. Bei jedem Entwicklungsschritt digitaler Techniken wird es entscheidend sein, dass die Handlungsfreiheit der Einzelnen mit der Verantwortung für die Handlungsfolgen verbunden bleibt.

Nicht nur klare rechtliche Regelungen und Verhaltenskodizes sind notwendig, um einen verantwortlichen Umgang mit der Digitalisierung sicherzustellen. Erforderlich ist auch eine klare innere Haltung zu den neuen Herausforderungen. Auch in der digitalisierten Welt ist persönliche Verantwortungsbereitschaft durch nichts zu ersetzen. Angesichts der Reichweite der Digitalisierung für die Veränderung der menschlichen Lebenswelt gehört dieses Thema ins Zentrum einer zeitgemäßen Verantwortungsethik.

Verantwortung als Prinzip

Seit der Soziologe Max Weber vor einhundert Jahren dem Begriff der Verantwortungsethik zu Prominenz verhalf, wird damit eine Haltung beschrieben, die sich rechtzeitig Rechenschaft über die künftigen Folgen gegenwärtigen Handelns ablegt und die Verantwortbarkeit dieser Folgen prüft (Weber 1994: 79). Im Jahr 1979 nahm der Philosoph Hans Jonas diesen Anstoß auf und fasste sein «Prinzip Verantwortung» in folgendem Kategorischem Imperativ zusammen: «Handle so, dass die Folgen deines Handelns vereinbar sind mit der Permanenz echten menschlichen Lebens auf Erden.» (Jonas 2015: 40) Wie wichtig und zeitgemäß die von Jonas vorgenommene Zuspitzung war, zeigte sich daran, dass der «Erdgipfel» von Rio de Janeiro 1992 das *precautionary principle* zu einem Grundsatz des Umwelt-schutzes erhob. Ein Jahr später schloss sich der Maastricht-Ver-trag, der die Arbeitsweise der Organe der Europäischen Union regelte, dieser Entscheidung an. Eine Pointe dieser Kodifizie-rungen lag darin, dass mögliche Gefährdungen der Gesundheit von Menschen, Tieren und Pflanzen oder schädliche Folgen für die Umwelt auch dann zum Handeln verpflichten, wenn über das Eintreten dieser Auswirkungen keine letzte wissenschaftli-che Gewissheit besteht. Heute muss man fragen, ob das *precau-tionary principle* wirklich nur auf die ökologische Dimension von Nachhaltigkeit – unter Einschluss der menschlichen Gesund-heit! – zu beziehen ist. Muss dasselbe Prinzip nicht auch auf an-dere Dimensionen der Nachhaltigkeit angewandt werden?

Zur Beantwortung dieser Frage lassen sich die Erfahrungen mit der Covid-19-Pandemie als Beispiel heranziehen. Die staat-lichen Interventionen mussten zuallererst auf die Gesund-heitsgefährdung durch das Corona-Virus gerichtet sein. Die Ein-dämmung von Infektionen, das Impfen und Testen sowie die Fürsorge für Erkrankte waren dabei vordringlich. Ebenso wich-tig waren von Anfang an die Maßnahmen zur Abmilderung der wirtschaftlichen und sozialen Folgen. Doch es blieb nicht bei den drei Dimensionen der ökologischen, ökonomischen und so-zialen Nachhaltigkeit, die immer wieder in den Vordergrund ge-rückt werden. Von großer Bedeutung waren ebenso die kulturel-len und religiösen Herausforderungen der Corona-Krise. Nicht nur die pandemiebedingte Arbeitslosigkeit von Künstlerinnen und Künstlern, sondern auch der kollektiv erzwungene Verzicht auf kulturelle Veranstaltungen und die Einschränkung der Teil-nahmemöglichkeiten an Gottesdiensten, die Behinderung der seelsorgerischen Betreuung von Kranken und Sterbenden sowie ihrer Angehörigen, aber auch die Unmöglichkeit des gemeinschaftlichen Abschieds von Verstorbenen haben gezeigt, dass diese im weitesten Sinn kulturellen Phänomene konstitutiv zur Nachhaltigkeit gemeinsamen Lebens gehören. Nicht zuletzt stellte die Krise eine elementare Herausforderung an politisches Leitungshandeln und dessen administrative Umsetzung dar.

Was an diesem Ausnahmezustand deutlich wurde, gilt auch sonst: *Good governance* und Kultur gehören ebenso zu den grundlegenden Dimensionen von Nachhaltigkeit wie Gesundheit und intakte Umwelt, wirtschaftliche Stabilität und soziale Gerechtigkeit. In diesem umfassenden Sinn bildet Nachhaltigkeit ein entscheidendes Prinzip verantwortlichen Handelns. Grundlegende Werte wie Frieden und Menschenwürde, Freiheit und deren wechselseitige Respektierung, Solidarität und Gerechtigkeit treten hinzu.

Die Corona-Krise hat zudem gezeigt, dass Digitalisierung sich nicht «einfach machen» lässt. Die Pandemie führte in vielfältiger Weise zu einer Beschleunigung der Digitalisierung. Homeschooling und Homeoffice machten das für große Bevölkerungsteile offenkundig. Soziale Unterschiede wirkten sich unmittelbar auf die Möglichkeiten dafür aus, an diesen pandemiebedingten Umstellungen aktiv teilzunehmen. Der *digital gap* hatte vielfache Folgen für die Bildungsmöglichkeiten und die berufliche Teilhabe während eines Lockdowns oder einer Quarantäne. Die unterschiedlich ausgeprägten Voraussetzungen, sich im familiären Umfeld wechselseitig beim Umgang mit digitalen Systemen zu unterstützen, verschärften bildungsmäßige und berufliche Diskrepanzen. Die ungleiche Ausstattung mit angemessener Technik und unterschiedliche Voraussetzungen für Homeoffice oder Homeschooling trugen dazu bei, dass die Pandemie zu einem Laboratorium der Digitalisierung unter vielfältigen Stressbedingungen wurde. Ermutigende Erfahrungen und vielfältige

Problemfelder verbanden sich miteinander. Die einen wie die anderen verdienen eine sorgfältige Auswertung.

Das Beispiel zeigt, dass sich in einer zugleich prinzipiengeleiteten und wertorientierten Verantwortungsethik unterschiedliche Handlungsebenen miteinander verbinden. In manchen ethischen Traditionen werden diese Ebenen voneinander getrennt. Individualethik und Sozialethik treten dann auseinander, Personalethik und Ordnungsethik werden einander antagonistisch gegenübergestellt. Die Digitalisierung ist ein besonders plausibles Beispiel dafür, dass solche Dimensionen zwar voneinander zu unterscheiden, aber nicht voneinander zu trennen sind. Zudem zeigt sich an ihr in besonderer Klarheit, dass die üblichen zweipoligen Gliederungen der Ethik zu kurz greifen. Es geht nicht nur um den Unterschied zwischen individuellen und sozialen Lebensbereichen. Ebenso wenig geht es allein um die Entgegensetzung zwischen dem Handeln im persönlichen Lebensbereich einerseits und in den öffentlich geordneten Bereichen von Staat und Wirtschaft andererseits. Vielmehr gibt es keinen ethisch relevanten Lebensbereich, der nicht in diese verschiedenen Dimensionen einbezogen ist. In all diesen Lebensbereichen berühren sich darüber hinaus persönliche oder berufliche Verantwortung mit den Rahmenbedingungen, die durch staatliche, wirtschaftliche oder andere Ordnungen und Strukturen geprägt sind. Jedes ethische Thema verdient es, unter der persönlichen, der beruflichen und der institutionellen Perspektive betrachtet zu werden.

An der Digitalisierung wird das besonders deutlich. Sie prägt erstens das individuelle menschliche Leben. Nicht nur für die *digital natives,* die mit digitalen Geräten und Medien aufwachsen, sondern auch für die *digital immigrants,* die sich dergleichen in späteren Lebensphasen aneignen, sind digitale Instrumente und Betätigungen ein integraler Bestandteil ihrer persönlichen Lebenswelt. Er nimmt einen unterschiedlich großen, aber zumeist beachtlichen Teil ihrer Lebenszeit in Anspruch. Zweitens ist die berufliche Wirklichkeit für immer mehr Menschen digital geprägt. Die Sorge um den Wandel der Arbeitswelt und den Wegfall von Arbeitsplätzen durch Digitalisierungsprozesse gehört zu den großen ethischen Herausforderungen unserer Zeit. Drittens verbinden sich mit der Digitalisierung institutionelle Rahmenbedingungen. Dabei geht es nicht nur um die großen öffentlichen Aufgaben der Technologieförderung und des umfassenden, gerechten Zugangs zu den neuen digitalen Möglichkeiten. Von ebenso großer Bedeutung sind die rechtliche Gestaltung dieses in seinem Gewicht rasant wachsenden Wirtschaftsbereichs, die Verhinderung des Missbrauchs der damit verbundenen Macht, der Schutz vor neuen kriminellen und kriegerischen Gefahren und nicht zuletzt die Sicherung der Privatsphäre und die Wahrung des Verfügungsrechts über die eigenen Daten. In ethischer Hinsicht liegt die Herausforderung der Digitalisierung gerade darin, wie diese persönlichen, beruflichen und institutionellen Dimensionen ineinander verwoben sind. Sie bedürfen der Unterscheidung, lassen sich jedoch nicht voneinander trennen.

3. DIGITALISIERTER ALLTAG IN EINER GLOBALISIERTEN WELT

Vom World Wide Web zum Internet der Dinge

Vom 23. bis zum 30. Juni 2021 wurde in einer Versteigerung des Auktionshauses Sotheby's in London ein merkwürdiges Dokument angeboten: ein *non-fungible token* (NFT). Es handelte sich um eine nicht reproduzierbare digitale Repräsentation des originalen Programms, mit dem der britische Physiker Tim Berners-Lee zwischen dem 3. Oktober 1990 und dem 24. August 1991 den Code für das World Wide Web in 9555 Zeilen aufgezeichnet hatte (Finsterbusch 2021). Nicht kopierbar ist ein NFT dadurch, dass es fälschungssicher in einer Blockchain verzeichnet ist. Blockchains wurden ursprünglich als sichere Aufbewahrungsmöglichkeiten für Transaktionen mit Kryptowährungen wie Bitcoin entwickelt. Die Grundidee ist eine «transparente dezentrale Datenbank, die weder gehackt noch manipuliert werden kann» (Specht 2021: 234). Das wird dadurch sichergestellt, dass in einem Netzwerk mit verschiedenen Teilnehmern verschlüsselte Datenblöcke aneinandergereiht werden. Diese Idee lässt sich nicht nur für Geld, sondern auch für andere digital speicherbare Wertgegenstände wie zum Beispiel Kunstwerke nutzen. NFTs sind also, genau genommen, gegen Fälschung oder Vervielfachung gesicherte Registereinträge, die durch eine «soziale Suggestion» in ihrem Sonderstatus anerkannt sind und wie Kunstwerke auf Auktionen versteigert werden können (Reichert 2021: 8, 26).

Tim Berners-Lee hat um 1990 die Auszeichnungssprache HTML *(hypertext markup language)* entwickelt, mit der elektronische Dokumente strukturiert, durch Hyperlinks miteinander verbunden und über das Transferprotokoll E-Mail im Internet übertragen werden können (Berners-Lee/Fischetti 1999). Dreißig Jahre nach der Fertigstellung dieser Arbeit, der Berners-Lee als Mitarbeiter des Forschungszentrums CERN in Genf mehrere Arbeitsjahre gewidmet hatte, wurden die Quellcodes für HTML, HTTP und URIs mit Zeitstempel versehen in vier Paketen mit einem Einstiegsgebot von jeweils 1000 US-Dollar und einem abschließenden Preis von insgesamt 5,435 Millionen US-Dollar versteigert. Die vier NFTs enthalten den originalen Quellcode, eine halbstündige Visualisierung, ein Poster des Codes sowie einen aktuellen Brief des Physikers, in dem er nach dreißig Jahren über seine Erfindung nachdenkt. Erstaunlich ist, mit welcher Geschwindigkeit seit der Versteigerung des Dokuments von Berners-Lee die Angebote digitaler Kunstwerke, durch die Einfügung in die Blockchain der Vervielfachung entzogen, wie Pilze aus dem Boden schossen. Die Kommerzialisierung der Kunst hat dadurch eine völlig neue Dimension erhalten, befreit von Qualitätskontrollen, wie sie im herkömmlichen Kunsthandel üblich waren.

Zu der Frage nach dem Sinn der Versteigerung eines allgemein bekannten digitalen Dokuments hatte Sotheby's einen einprägsamen Vergleich zur Hand: Es handle sich um nichts anderes, als wenn man das Originalmanuskript von Charles Darwins *On the Origin of Species* ersteigern würde. Zwar gebe es gedruckte Fassungen des Buchs in großer Zahl. Dennoch sei es ein unvergleichliches Erlebnis, wenn man das Originalmanuskript betrachten oder erst recht: wenn man es besitzen könne. Mit einem NFT verhalte es sich im Vergleich zur Allgegenwart des Programms nicht anders. Sotheby's präsentierte Berners-Lees Quellcode zugleich als *first digital born artefact.* Dies spielte darauf an, dass die Jahrgänge, die zur Zeit der Erfindung und rasanten Umsetzung des World Wide Web aufgewachsen sind, als *digital natives* bezeichnet werden. Sie erobern auch das Feld der Kunst. Die Blockchain benutzen sie dazu, den Wert dieser Kunst zu sichern – und zu steigern.

Im Blick auf Gegenstände wie auf Menschen verleiten die Formeln vom digitalen Zeitalter oder von den *digital natives* zu mancherlei Übertreibungen. Im Blick auf die Gegenstände verführen sie zu der irrigen Auffassung, es sei die Digitalität als solche, die so Erstaunliches hervorbringe. Dabei stehen in jedem Fall Algorithmen am Anfang, die von dazu eigens ausgebildeten und befähigten Personen erstellt werden. Im Blick auf die Menschen vernachlässigt eine solche Betrachtungsweise insbesondere den Umstand, dass auch *digital natives* real und nicht virtuell zur Welt kommen und über die Geburt hinaus auf körperliche Nähe der Eltern, auf Fürsorge eines größeren Kreises von Menschen und auf das Heranwachsen mit Gleichaltrigen angewiesen bleiben. Dennoch symbolisiert die – bisweilen übertrieben eingesetzte – Unterscheidung zwischen *digital natives* und *digital immigrants* die Tiefe des Einschnitts, der sich seit den neunziger Jahren des vergangenen Jahrhunderts vollzogen hat. Kein Zweifel: Mit der Erfindung des World Wide Web begann ein globaler Wandel von erstaunlicher Geschwindigkeit und Reichweite.

Nicht zu vernachlässigen ist, dass das Internet, also die weltweite Verknüpfung von Rechner-Netzwerken, bereits geraume Zeit vor dem World Wide Web entwickelt wurde. Dauerhaft genutzt wurde es sehr bald im E-Mail-Verkehr, durch den individuelle Nachrichten in Milliardenzahl versandt werden. In Deutschland kam im Jahr 1984 die erste E-Mail an. Ein Jahrzehnt später war diese Kommunikationsform allgegenwärtig. Sie ist von zentraler Bedeutung geblieben, auch wenn sie aus heutiger Sicht eine harmlose Nutzungsform des Internets darstellt. Sie findet nicht in der Öffentlichkeit statt und verfügt nicht über die viralen Vernetzungseffekte des Web.

Das Internet hat sich seit 1990 in kurzer Zeit von einem Medium für Konsumenten zu einem «Mitmach-Web», dem sogenannten «Web 2.0», entwickelt, in dem jeder selbst Medieninhalte produzieren und verteilen kann. Nachdem Programmiersprachen verfügbar waren, mit denen Texte, Videos, Tondokumente oder Musikstücke im Internet in großem Umfang und in «Echtzeit» verbreitet werden konnten, haben sich die verfügbaren Dokumente und die Zahl der potentiellen Nutzer rasant vervielfacht. Diese Entwicklung wurde vor allem durch die digitalen Medien und Netzwerke vorangetrieben. Die hohe Zeit der digitalen Plattformen begann mit dem Auftreten von Facebook im Jahr 2004 und YouTube im Folgejahr.

Außer den technologischen Innovationen, die das World Wide Web ermöglicht haben, verdienen zwei Faktoren besondere Beachtung, die sich mit seiner Einführung verbinden. Der eine besteht darin, dass Berners-Lee absichtlich darauf verzichtete, seine Erfindung als Patent anzumelden und ihre Nutzung dadurch einzuschränken oder kostenpflichtig zu machen. Diesen Grundsatz hat er auch für das von ihm 1994 gegründete World Wide Web Consortium (W3C) am Massachusetts Institute of Technology beibehalten. Auch diese Institution verpflichtete sich darauf, nur patentfreie Standards zu verabschieden.

Berners-Lee beharrte darauf, dass Informatiker nicht nur eine technische, sondern auch eine moralische Verantwortung haben. Seine persönliche Haltung zum Umgang mit dem Netz entwickelte er vor dem Hintergrund eines unitarischen Universalismus, in dem er das christliche Liebesgebot mit einem entmythologisierten und vernunftorientierten Glauben verband (Berners-Lee 1998). Dezentralisierung und flache Hierarchien, Toleranz und das Zutrauen zu voneinander unabhängigen Wegen von Erfindung und Erkenntnis, Verpflichtung auf die Wahrheit und Hoffnung sind die ethischen Leitgedanken, die der Physiker mit seiner Erfindung verknüpfte. Freilich musste er erkennen, dass auch eine auf breiteste Partizipation ausgerichtete technische Innovation unter die Dominanz übermächtiger Konzerne geraten kann. Wer angesichts dieser Dominanz dreißig Jahre nach der Erfindung des World Wide Web ein Grundrecht auf digitale Selbstbestimmung sowie auf transparente, überprüfbare und faire Algorithmen fordert, wie Ferdinand von Schirach das getan hat (Schirach 2021), sollte wenigstens zu erkennen geben, dass vergleichbare Forderungen schon bei der Entstehung des World Wide Web erhoben wurden und seitdem oft wiederholt worden sind. Es gab für sie jedoch keinen die internationale Rechtsgemeinschaft umspannenden Konsens. Eben deshalb konnten sich die Internet-Giganten in einem weithin rechtsfreien Raum entwickeln. Durch bloße Appelle wird sich daran mutmaßlich nicht viel ändern.

Von ebenso großem Gewicht wie die Freiheit, unter der sich das weltweite Netz entwickeln konnte, waren die politischen Umstände, unter denen das geschah. Denn dieser disruptive technologische Wandel vollzog sich in einer Zeit, in der die globalen Konfliktkonstellationen sich auf dramatische Weise verschoben. Der Zerfall der Sowjetunion und die Verselbständigung ihrer Satellitenstaaten sowie das Ende einer vierzigjährigen Ost-West-Konfrontation eröffneten Chancen zu tiefgreifenden politischen und wirtschaftlichen Veränderungen. Mit dem Zusammenbruch des Sowjet-Imperiums schwand die Vorstellung, dass eine staatssozialistische Planwirtschaft verbunden mit einer marxistischen Herrschaftsideologie ein zukunftsfähiges Modell wirtschaftlicher und politischer Ordnung bilde. Die marktwirtschaftliche Globalisierung wurde von manchen als Vorbote einer politischen Harmonisierung betrachtet, die in eine Vorherrschaft demokratischer Verfassungsformen münden sollte. Solche Erwartungen führten sogar zu der hypertrophen Idee vom «Ende der Geschichte», das durch die erwartete Vorherrschaft marktwirtschaftlicher Kooperation und demokratischer Governance nach US-amerikanischem Vorbild erreicht werden sollte (Fukuyama 1992).

Inzwischen zeichnen sich neue Konfliktlinien ab, die hier nur beispielhaft und knapp charakterisiert werden sollen. Zu ihnen gehört das Vordringen autokratischer Präsidialregime, die Wiederkehr von Formen nationalistischer Selbstabschließung sowie die Spannung zwischen religiöser Erosion und religiöser Fundamentalisierung, die ihrerseits einen fundamentalistischen Säkularismus verstärkt. Zugleich haben sich neue weltpolitische Konstellationen entwickelt, unter denen der globale Wiederaufstieg Chinas und die Expansionspolitik Russlands von zentraler Bedeutung sind. Angesichts solcher Veränderungen wirkt sich die weltweite digitale Vernetzung keineswegs nur in einer Weitung des Horizonts aus. Vielmehr verstärkt sie zugleich Polarisierungen und verzerrt die politische Meinungsbildung. In wachsendem Umfang kommt es zur digitalen Manipulation demokratischer Prozesse innerhalb einzelner Staaten wie durch Einwirkung von außen. Viele westliche Gesellschaften sind durch eine unausgeglichene Spannung zwischen der Suche nach innerem Zusammenhalt und der Anerkennung von Diversität geprägt. Der Dialog darüber, wie sich beides miteinander verbinden lässt, wird im Netz nicht nur gefördert, sondern durch intolerante Zuspitzungen häufig geradezu blockiert.

Der Soziologe Armin Nassehi hat seine Theorie der digitalen Gesellschaft von der Behauptung aus entwickelt, die Digitalisierung sei die adäquate Technologie für eine Gesellschaftsformation, die sich im Zeichen funktionaler Differenzierung an wiederkehrenden Mustern orientiert (Nassehi 2019). Mit gleichem Recht lässt sich geltend machen, dass die weltumspannende digitale Vernetzung nicht nur faktische Ursache, sondern auch technische Widerspiegelung einer Welt ist, die wirtschaftlich, politisch und – wie die Klimakrise am deutlichsten zeigt – auch ökologisch nicht mehr in Hemisphären getrennt werden kann, sondern eine gemeinsame Lebenswelt darstellt.

Auf diese Weise ist das World Wide Web ein Spiegel unseres Alltags. Dass wir jederzeit und an jedem Ort an globalen Vernetzungen teilhaben, merken wir nicht nur an den Herkunftsländern von Gegenständen unseres täglichen Gebrauchs, sondern auch an der ethnischen und kulturellen Diversifizierung unserer Lebenswelt. Wir erleben es in der Begegnung mit Menschen unterschiedlichster Herkunft ebenso wie in unseren globalisierten Konsumgewohnheiten. Im Medienkonsum spiegeln sich diese Veränderungen besonders deutlich. Dieser unterliegt in wachsendem Maß dem Einfluss globaler Mediennetzwerke. Die Inhalte, die in ihnen kommuniziert werden, sind oft widersprüchlich und tragen nicht selten einen manipulativen Charakter. Sich in dieser Welt zu orientieren, ist schwer und unausweichlich zugleich. Diese Orientierungsaufgabe gehört zur Vernetzung in der digitalen Welt, in der eine wachsende Zahl von Menschen einen großen Teil ihres täglichen Lebens zubringt.

Mobiles Internet und digitale Bildung

Der wichtigste Durchbruch zu dieser Lebensform hat sich mit dem Übergang zum mobilen Internet vollzogen. Die rasante Entwicklung von stationären Personal Computers über mobile Notebooks («Notizbücher») beziehungsweise Laptops («Schoßrechner») und Tablets («Schreibtafeln») hat Schritt für Schritt die mobile Nutzung der Geräte gesteigert. Nach Auskunft von Wikipedia benutzen mehr Menschen ihr Tablet im Bett als am Schreibtisch, auf dem Balkon wird es häufiger verwendet als in der Küche, am häufigsten, nämlich bei 82 Prozent der Nutzer, kommt es auf dem Sofa zum Einsatz. Diese an keinen Ort gebundene Verfügbarkeit wurde noch dadurch überboten, dass Mobiltelefone sich seit dem ersten iPhone aus dem Jahr 2007 zu vielseitigen Minicomputern entwickelt haben. Diese bald als Smartphones («schlaue Telefone») bezeichneten Geräte ermöglichen Telefonieren, Fotografieren, Filmen und Spielen. Mit ihnen kann man Musik oder Podcasts anhören, Filme anschauen und Fernsehsendungen verfolgen. In beunruhigendem Umfang wird das Smartphone in Autos, auf dem Fahrrad, dem Roller und beim Schieben des Kinderwagens benutzt. In öffentlichen Verkehrsmitteln gilt seine Benutzung als selbstverständlich, mehr oder weniger lautstarke Telefonate eingeschlossen, bei denen gegebenenfalls zusätzlich die laut gestellte Stimme des Gesprächspartners die Mitfahrenden an allen Details teilnehmen lässt. Die Maßstäbe für Rücksichtnahme, Höflichkeit und nicht zuletzt Diskretion verschwimmen. In diesem Gerät verbinden sich vielfältige Kommunikationsformen und -möglichkeiten mit persönlichem Informationsmanagement, Datenspeicherung und -versendung sowie weiteren Medienfunktionen. Es dient als Spielkonsole und ermöglicht den mobilen Zugang zur digitalen Infrastruktur eines Unternehmens ebenso wie den bargeldlosen Zahlungsverkehr. Alltagsgegenstände wie Uhr, Wecker, Taschenlampe oder Taschenrechner sind in das Smartphone integriert.

Der individuelle Internetzugang und dessen Nutzung wachsen rasant. 2002 hatten weltweit ungefähr 600 Millionen Menschen einen Internetzugang. Der prozentuale Anteil der Internetnutzer an der Weltbevölkerung überschritt im Jahr 2019 die Marke von 50 Prozent (Statista.com 2021a). Im Juli 2021 wurde die aktuelle Zahl mit mehr als viereinhalb Milliarden angegeben (Live-counter.com 2021). In Deutschland war der Anteil von 50 Prozent bereits im Jahr 2003 erreicht. Im Jahr 2011 war er auf knapp 75 Prozent und im Jahr 2020 auf 88 Prozent angewachsen (Statista.com 2021b). Naheliegenderweise bleiben die Verbreitung und die Nutzungsintensität des Internets bei älteren und bei ganz jungen Jahrgängen hinter der Verbreitung in den dazwischenliegenden Lebensaltern zurück. Das Tempo der Veränderungen lässt sich beispielhaft daran ablesen, dass die tägliche Nutzungsdauer bei den über vierzehnjährigen Jugendlichen in Deutschland einer repräsentativen Umfrage zufolge von 149 Minuten 2017 um 47 Minuten auf 196 Minuten 2018 gestiegen ist (Statista.com 2021c). Während dies bereits auf mehr als drei Stunden am Tag hinausläuft, werden von US-amerikanischen Jugendlichen weit höhere Zahlen berichtet.

Natürlich stecken in solchen Überblicksstatistiken viele Unschärfen. So ist die Internet-Nutzung am Arbeitsplatz oder im Homeoffice, in der Ausbildung oder seit der Corona-Pandemie in stark wachsendem Maß in der Schul- und Hochschulbildung von der Nutzung in der Freizeit zu unterscheiden. Unbeschadet solcher Differenzierungen besteht kein Zweifel daran, dass die Digitalisierung den Alltag vieler Menschen tiefgreifender verändert, als dies zuvor durch die elektronischen Medien Radio und Fernsehen geschah. Bei der Beurteilung dieser Alltagswirkungen lassen sich erneut diejenigen Polarisierungen beobachten, die für den Umgang mit technischen Innovationen überhaupt kennzeichnend sind. Hoffnungen und Befürchtungen bewegen sich zwischen Euphorie und Apokalypse.

Mit einer Haltung des «Alles oder Nichts» ist nur wenig zu erreichen. Vielmehr zeigt die umfassende Prägung des Alltags durch digitale Instrumente und Medien, dass der verantwortliche Umgang mit ihnen zu den elementaren Anforderungen der persönlichen Lebensführung gehört. Sie beginnen mit der zentralen Erziehungsfrage, wann Kinder diesen Instrumenten ausgesetzt und an sie herangeführt werden. So wie man bei vorangehenden Generationen gut beraten war, sie in der ersten Lebenszeit vor dem Fernseher zu bewahren und anschließend die wöchentliche Fernsehzeit klar zu begrenzen, erweist es sich heute als notwendig, Kinder zuerst in der realen Welt heimisch werden zu lassen, bevor sich ihre Weltwahrnehmung weitet und sie digitale Medien nutzen. Dagegen wird häufig geltend gemacht, dass Medien einen elementaren Bestandteil moderner Gesellschaften bilden, so dass Kinder schon im frühesten Alter mit digitalen Medien konfrontiert sind und mit ihnen vertraut gemacht werden müssen. Solchen Vorschlägen wird hinzugefügt, dass es sich selbstverständlich um altersangemessene Medienangebote handeln muss (MPFS 2016). Doch genau deren Auswahl ist alles andere als selbstverständlich. Das altersgemäße Angebot muss darüber hinaus, wenn überhaupt, mit einer altersgemäßen Zeitspanne für die Beschäftigung mit digitalen Medien verbunden sein. Ebenso wie die Begrenzung des Fernsehkonsums bei Kindern eine Selbstdisziplin der Eltern oder anderer Beziehungspersonen zur Voraussetzung hat, gilt für die Nutzung digitaler Medien, dass die Art der Benutzung dieser Geräte im Lebensraum der Kinder von entscheidender Bedeutung dafür ist, ob sie in einen verantwortlichen Umgang mit ihnen hineinwachsen können. Unbegleitet kann dieses Hineinwachsen sich nicht vollziehen. Von Messenger-Diensten, die eine junge Zielgruppe ansprechen, ist beispielsweise zu befürchten, dass sie das Interesse von Pädophilen auf sich ziehen. Wenn deshalb der Rat ausgesprochen wird, dass Kinder und Jugendliche solche Dienste «eher meiden sollten» (Köhler 2019), zeigt sich bei genauerem Hinsehen, warum sie mit ihrem Medienkonsum nicht alleingelassen werden dürfen.

In der Frage, wann und in welchem Umfang Kinder an die Nutzung digitaler Instrumente herangeführt werden, offenbart sich die Naivität der Rede von *digital natives*. Auch an anderen Beispielen – etwa der Rede von sozialen Medien, von autonomen Fahrzeugen und Waffen oder von Künstlicher Intelligenz – lässt sich die unbedachte Verwendung eingefahrener Redewendungen illustrieren, durch welche die ethische Orientierung in diesem Feld immer schwieriger und zugleich immer notwendiger wird.

So wie die Rede von *digital natives* den Umgang mit digitalen Geräten lebensgeschichtlich entgrenzt, wird durch die Allgegenwart dieser Geräte für viele Menschen der Unterschied zwischen Arbeit und Muße, Werktag und Sonntag wenn nicht aufgehoben, so doch unscharf. Oft verbindet sich dies mit der Erfahrung, dass die Arbeit zugleich verdichtet und entgrenzt wird. Die Grenzen zwischen Bildungs- und Erwerbsarbeit, Familien- und Eigenarbeit sowie Freiwilligenarbeit werden durch weitgehende Digitalisierung durchlässig. Die digital erschlossene Möglichkeit, im Homeoffice all diese Tätigkeiten miteinander zu verbinden, bringt mancherlei Erleichterungen mit sich. Zu ihnen gehört die Zeitersparnis, die sich beispielsweise daraus ergibt, dass bei gut organisierter digitaler Ablage notwendige Unterlagen nicht an verschiedenen Stellen aufbewahrt werden, sondern von jedem Arbeitsort aus erreichbar sind. Aber mit diesen Vorteilen verbindet sich die Gefahr, zwischen verschiedenen Aufgabenbereichen hin- und herzupendeln, die Fähigkeit zur längerfristigen Konzentration auf eine Aufgabe zu verlieren und sich zugleich durch permanente Verfügbarkeit selbst zu überfordern. Workaholismus kann auch digitale Formen annehmen. Digitale Arbeit kann ebenso zur Sucht werden wie die digitale Spielleidenschaft oder der Konsum von sogenannten sozialen Medien.

Besonders manifest werden derartige Gefahren an der Regelmäßigkeit, mit welcher der Blick auf das Smartphone andere Tätigkeiten unterbricht. Die typischen *digital natives* schauen nach einer Aussage der Facebook-Chefin für Nordamerika, Michelle Klein, aus dem Jahr 2016 täglich im Durchschnitt 157-mal auf ihr Mobiltelefon (Specht 2021: 147). Zieht man acht Ruhestunden am Tag ab, bedeutet dies – auf die anderen Stunden gleichmäßig verteilt – alle zehn Minuten einen Blick auf das Mobiltelefon. Das lässt sich am ehesten aus der Annahme erklären, dass die Nutzung des Smartphones die Ausschüttung des Glückshormons Dopamin auslösen kann. Je häufiger eigene Beiträge mit einem *Like* kommentiert werden, desto größer erscheint das Glück. Auf diese Weise kann sich aus der häufigen Suche nach aktuellen Nachrichten und digitalen Kommunikationen eine verhängnisvolle Sucht entwickeln.

Bändigen lassen sich solche Gefahren nur, soweit Menschen den Abstand von der digitalen Welt wahren. Denn nur dann können sie zwischen sich und dieser Welt unterscheiden. Ohne diese Unterscheidung ist persönliche Freiheit nicht mehr möglich. Angesichts des umfassenden Herrschaftsanspruchs der digitalen Sphäre artikuliert sich diese Freiheit nicht zuletzt in der Fähigkeit, Nein zu sagen, und in der Bereitschaft, dieses Nein zu praktizieren. Zeiten ohne Laptop und Smartphone sind dafür genauso wichtig wie der Entschluss, bestimmte Angebote nicht zu nutzen. Zur Freiheit gehört die Entscheidung: «Das will ich jetzt nicht.» (Korsch 2021: 240 f.)

Die Gefahr liegt nahe, dass das Smartphone als ständiger Begleiter dem Prokrastinieren Vorschub leistet. Gemeint ist damit die notorische Neigung dazu, auf den morgigen Tag (lateinisch: *cras)* zu verschieben, was schon heute vordringlich ist – jene Neigung also, der das bekannte Sprichwort entgegentritt: «Was du heute kannst besorgen, das verschiebe nicht auf morgen.» Den meisten Menschen mit einem Computer-Arbeitsplatz wird die Erfahrung vertraut sein, dass die Beschäftigung mit E-Mails, Messenger-Diensten oder digitalen Medien häufig anderen Arbeiten vorgezogen wird. Zugleich wird diesen Tätigkeiten sehr häufig mehr Zeit eingeräumt als zunächst vorgesehen. Die Arbeitsdisposition gerät ins Wanken, bevor die Arbeit überhaupt in Gang gekommen ist. Das Prokrastinieren nimmt seinen Lauf. Was ursprünglich als individuelle psychische Belastung angesehen wurde, nimmt den Charakter eines kollektiven Verhängnisses an. Arbeitsgänge, die Zeit brauchen, Fragen, die ohne Vorüberlegungen und Recherche nicht zu lösen sind, werden verdrängt oder zumindest aufgeschoben.

Das hat nicht nur individuelle, sondern auch korporative Konsequenzen. Es handelt sich nicht nur um ein Thema der Personalethik, sondern ebenso der Berufsethik. Die Zusammenarbeit in Institutionen und deren Verhalten nach außen sind auf verpflichtende Regeln angewiesen. In Analogie zur *corporate social responsibility* (CSR) wird deshalb eine *corporate digital responsibility* (CDR) gefordert. Die groben Verstöße gegen Grundsätze der Compliance in der Autoindustrie haben beispielhaft vor Augen geführt, wie notwendig es ist, Compliance-Grundsätze auf die Nutzung digitaler Instrumente anzuwenden. Der Wirtschaftsethiker Andreas Suchanek hat bei diesem Thema eine Konzentration auf den Vorrang des Nichtschädigens vorgeschlagen (Suchanek 2020). Das lässt sich als Hinweis darauf verstehen, dass bei der Nutzung digitaler Instrumente und Medien keine anderen Grundsätze zu gelten haben als in anderen Bereichen korporativen wie persönlichen Handelns auch.

Ging es im Fall des Dieselskandals um die Manipulation digitaler Instrumente zur Verfälschung von Testwerten, so geht es bei den großen Internetfirmen um den Umgang mit Daten, die ihnen in großer Zahl zur Verfügung gestellt werden, ohne dass diejenigen, die diese Daten bereitstellen, im Allgemeinen deren Verwendung überprüfen können. Dazu tragen die Nutzer selbst bei, indem sie es an der nötigen Selbstkontrolle bei der Weitergabe ihrer Daten fehlen lassen.

Daran zeigt sich: Im digitalen Alltag geht es nicht nur darum, die Schädigung anderer, sondern auch die Selbstschädigung zu vermeiden. Sie kann, wie wir sahen, leicht auftreten, wenn es an der nötigen Selbstkontrolle im Umgang mit digitalen Medien fehlt. Das Erlernen dieser Selbstkontrolle bildet deshalb ein zentrales Element digitaler Bildung. Elementar gesprochen, kommt es nicht nur darauf an, wie man digitale Geräte in Gang setzt, sondern auch darauf, wie und wann man sie abstellt. Digitale Bildung verdient nur dann ihren Namen, wenn sie ethische Reflexion einschließt und Menschen zum souveränen Umgang mit diesem Teil ihrer Lebenswelt befähigt. Alle technischen Geräte haben für den Menschen eine Assistenzfunktion, der Grad ihrer technischen Perfektion und Leistungsfähigkeit ändert daran nichts. Die Digitalisierung ist um des Menschen willen da, nicht der Mensch um der Digitalisierung willen – so lässt sich ein elementarer Leitsatz digitaler Ethik im Anschluss an das berühmte Wort Jesu über den Sabbat (Markus 2,27) formulieren. Dem Menschen sollen die digitalen Instrumente dienen. Ihm obliegt es deshalb, Regeln für deren Gebrauch zu entwickeln und zu befolgen. Auf den verantwortlichen Umgang mit ihnen muss er vorbereitet sein. Deshalb reicht ein Digitalunterricht nicht aus, der sich auf die technische Beherrschung digitaler Instrumente, die möglichen Nutzungsformen sowie Grundlagen der Programmierung beschränkt. Ethisches Orientierungswissen ist gerade in diesem Fall die Voraussetzung für den angemessenen Umgang mit Verfügungswissen.

In der Corona-Krise seit März 2020 hat die schulische Nutzung digitaler Instrumente mit einem Schlag an Bedeutung gewonnen. Die konzeptionellen Vorbereitungen waren ebenso unzureichend wie die Ausstattung mit den notwendigen Geräten und Programmen. Angesichts der jähen Notwendigkeit, den Unterricht auf Homeschooling umzustellen, wurde die digitale Versendung von Aufgaben und deren ebenso digital zugestellte Korrektur zu einer verbreiteten Unterrichtsform. Dieses Vorgehen konzentrierte sich weitgehend auf reproduzierbares Wissen. Das angeleitete Erlernen von Neuem, die Erweiterung des Verstehenshorizonts, die Entwicklung von Ideen im Gespräch traten dahinter zurück. Der unerlässliche Dialog zwischen Lehrkräften und Lernenden fehlte ebenso wie der Austausch unter Schülerinnen und Schülern.

Zugleich polarisierte sich die Debatte über die Verwendung digitaler Mittel im Unterricht. Der auch hier erkennbare Spagat zwischen Euphorie und Apokalypse wurde von Julian Nida-Rümelin und Klaus Zierer folgendermaßen beschrieben: «Auf der einen Seite diejenigen, die mit dem Einzug von Laptops, Tablets und Co. den Untergang abendländischer Bildungstraditionen befürchten, und auf der anderen Seite diejenigen, die in Zeiten digitaler Transformation alles über Bord werfen, was in Jahrhunderten an pädagogischem Wissen gewachsen ist. Die Apokalyptiker werden bezichtigt, Abwehrreflexe zu kultivieren, während die Euphoriker als Propagandisten einer Ökonomisierung von Bildung karikiert werden.» (Nida-Rümelin/Zierer 2020) Die beiden Autoren gehen davon aus, dass auch im digitalen Zeitalter die entscheidende Aufgabe von Bildung in der Stärkung der Urteilskraft besteht, die, wie man klärend hinzufügen sollte, an Orientierungswissen und dessen angemessenen Gebrauch gebunden ist. Wenn es nicht nur um die Aneignung von Verfügungswissen und dessen korrekte Anwendung, also nicht nur um Lernen, sondern um Bilden geht, ist die unmittelbare Kommunikation zwischen Menschen unentbehrlich.

Ob Raum für Bildung bleibt, ist ein entscheidender Maßstab für den Umgang mit der digitalen Transformation. Hier muss sich bewähren, dass digitale Instrumente Mittel zum Zweck und kein Selbstzweck sind. Als Mittel sind sie einzuordnen in Schritte der Bildung, die in der physischen Begegnung mit wahrnehmbaren Realitäten beginnt, sich in symbolische, analoge Darstellungen weiterbewegt und erst von dort aus den Schritt zur digitalen Repräsentation der Wirklichkeit vollzieht. Auf der Grundlage einer solchen Bildungskonzeption liegt es nahe, im Kindertagesstätten- und Grundschulalter auf den Gebrauch digitaler Instrumente zu verzichten. Gerade weil sie den

Alltag prägen, sind Zeiten erforderlich, die nicht unter der Herr-
schaft des Digitalen stehen. Eine solche Überlegung mag man-
chen als weltfremd erscheinen. Doch je näher man der digitalen
Welt kommt, desto plausibler klingt sie. Jaron Lanier, der seit
Jahrzehnten im Silicon Valley zu Hause ist, berichtet: «Viele der
Kinder aus meinem Bekanntenkreis im Silicon Valley besuchen
Waldorfschulen, an denen elektronische Geräte prinzipiell ver-
boten sind.» (Lanier 2019: 22)

Digitale Plattformen und ihre Strategien

Jaron Lanier, 1960 in New York geboren, gilt als Internetpionier
der ersten Stunde (Wikipedia: Jaron Lanier). Er verbreitete die
Nutzung von sogenannten Avataren, künstlichen Figuren, die in
der «virtuellen Realität» – auch das ein Konzept von Lanier –
einem Nutzer zugeordnet sind. Seine Mutter stammte aus einer
jüdischen Wiener Familie und konnte dem Konzentrationslager
entkommen, sein Vater musste als Kind ukrainischer Juden vor
den dortigen Pogromen fliehen. Durch diese traumatische Fa-
miliengeschichte ist Jaron Lanier für alle Formen kollektiver
Verführung sensibilisiert. Die Vorstellung von einer «Schwarm-
intelligenz» liegt ihm denkbar fern. Dieser Vorbehalt findet beispielhaft in seinen Einwänden gegen das Wikipedia-Projekt und
gegen das Open-Source-Konzept, also das Konzept allgemein
und kostenlos zugänglicher digitaler Quellen, seinen Nieder-
schlag. Lanier gehörte zu den wichtigsten Gewährsleuten der
großen Serie zur Digitalisierung, mit der Frank Schirrmacher
als Mitherausgeber der FAZ eine gesellschaftliche Debatte über
das Internet und seine möglichen Folgen auszulösen versuchte
(Schirrmacher 2015). Während dieser Debatte verstarb Schirrmacher im Jahr 2014 an einem Herzinfarkt.

Das Gewicht dieser Debatte wurde dadurch unterstrichen,

dass Lanier 2014 mit dem Friedenspreis des Deutschen Buchhandels ausgezeichnet wurde. Kurz zuvor hatte er in einem programmatischen Buch die Frage gestellt, wem die Zukunft gehört (Lanier 2014). Die These, dass die Nutzer digitaler Netzwerke durch den Verzicht auf den Status als Kunde selbst zu Produkten der Internet-Giganten – Amazon, Apple, Facebook beziehungsweise Meta, Google beziehungsweise Alphabet sowie Microsoft – werden, nahm er vier Jahre später noch einmal in einer Streitschrift auf. Er präsentierte zehn Gründe dafür, warum man unter den gegenwärtigen Umständen keine Accounts bei digitalen Plattformen erstellen oder beibehalten solle (Lanier 2018). Nicht aktuelle Skandale wie der millionenfache Missbrauch von Facebook-Daten durch die Firma Cambridge Analytica stehen im Zentrum von Laniers Argumentation. Er leugnet auch nicht, dass die Nutzung digitaler Plattformen positive Effekte haben kann. Aber er prangert schwere systemische Fehler an, denen er verheerende Folgen zuschreibt.

Der entscheidende Fehler besteht Lanier zufolge darin, dass die Nutzer der digitalen Plattformen nicht etwa als Kunden auftreten, die für in Anspruch genommene Dienstleistungen bezahlen. Vielmehr erhalten sie diese scheinbar kostenlos und übersehen dabei, dass alle Daten, die sie bei der Nutzung der Plattformen einbringen, von diesen angeeignet und zu Werbezwecken oder anderen Formen der Weiterverwendung eingesetzt werden. Die Nutzer bezahlen die Dienstleistung nicht direkt, sondern auf dem Umweg über ihre Daten. Aber auch in diesem Fall findet kein marktförmiger Austausch statt, bei dem die Daten der Nutzer durch die Plattformunternehmen direkt gekauft und bezahlt werden. Dass sie insbesondere durch die Vergütung ihrer Werbeleistungen eine große finanzielle Bedeutung für die Plattformunternehmen besitzen, zeigt sich an der jährlichen Steigerung von deren Erträgen. Da jedoch weder bei der Inanspruchnahme der Dienstleistungen durch die Nutzer noch bei der Aneignung der Daten durch die Plattformunternehmen zwischen den Nutzern und den Plattformunternehmern ein marktförmiger Austausch von Gütern oder Dienstleistungen gegen entsprechende Bezahlung zustande kommt, entsteht eine monopolistische Position der Internet-Giganten, ohne dass die Regeln zur Verhinderung von Monopolbildungen greifen. In einem zentralen Bereich der gegenwärtigen wirtschaftlichen Dynamik werden auf diese Weise wichtige Regeln des marktwirtschaftlichen Austauschs außer Kraft gesetzt.

Welcher Mechanismus bewirkt den außerordentlichen Erfolg der Plattformfirmen? Lanier schreibt diesen Erfolg einem behavioristischen Vorgehen zu, wie es bereits geraume Zeit vor dem Siegeszug der Digitalisierung durch den US-amerikanischen Psychologen B. F. Skinner analysiert wurde. Die experimentell mit Hilfe der sogenannten «Skinner-Box» nachgewiesene Einsicht besteht darin, dass bereits Tiere nicht nur nach dem Reiz-Reaktions-Schema in ihrem Verhalten durch vorangehende Reize bestimmt werden, sondern dass sie auch lernen, Verhaltensweisen zu wiederholen, für die sie anschließend eine Belohnung erhalten. Je mehr sie auf diese Weise auf eine bestimmte Belohnung konditioniert werden, desto ausdauernder werden sie in der Wiederholung der entsprechenden Verhaltensweise. Das Vorgehen von Facebook ist nach Auskunft führender Akteure wie des ersten Präsidenten Sean Parker oder des zeitweiligen Vizepräsidenten für Nutzerwachstum Chamath Palihapitiya auf genau diesen Mechanismus ausgerichtet. Die Absicht besteht darin, Facebook im behavioristischen Sinn zu entwickeln. Dafür sieht man dopamingetriebene Feedbackschleifen, beispielsweise Likes, als zentrales Instrument an (Lanier 2018: 15 f.). Dasselbe Prinzip, das die Abhängigkeit der Nutzer von den digitalen Plattformen steigern soll, wird eingesetzt, um die Wirksamkeit der Werbung zu erhöhen. Welcher Anreiz muss dem Werbespot vorausgehen, damit dieser am intensivsten wirkt?

Ist, um ein Beispiel von Lanier zu verwenden, ein zum Lachen reizendes Katzenvideo eine gute Vorbereitung auf Werbung? Wenn ja, eher für Socken oder für Aktien? Soll das Intervall zwischen Katzenvideo und Werbung eher fünf oder viereinhalb Sekunden betragen? (Lanier 2018: 23)

Für solche Erwägungen ist die Erfassung des Persönlichkeitsprofils der Nutzenden von großer Bedeutung. Je mehr Daten die Plattformfirma abschöpfen kann, desto präziser vermag sie die Werbemaßnahmen zu steuern. Den Nutzenden ist der Umfang, in dem ihre Daten in Anspruch genommen werden, unbekannt. Allgemeine Geschäftsbedingungen und detaillierte Nutzungsbedingungen finden kaum Aufmerksamkeit und erscheinen vielen Nutzern als unverständlich, die Veränderungen werden nicht regelmäßig nachverfolgt. Eine transparente freiwillige Selbstkontrolle der Provider findet nicht statt. Die Konsequenz, die Jaron Lanier allen Nutzern empfiehlt, hat ebenfalls keine Aussicht auf Befolgung: nämlich seine Nutzerkontos bei Facebook, Google oder Twitter zu kündigen und derartige Konten nur unter der Voraussetzung wieder anzulegen, dass man für sie bezahlen darf.

Solange die Selbstkontrolle der Anbieter versagt und die Nutzenden nicht bereit sind, nur Angebote anzunehmen, für die sie bezahlen dürfen, bleibt nur der Weg rechtlicher Regulierung, verbunden mit staatlichen Sanktionen. Die grundlegende Schwierigkeit dieses Vorgehens besteht darin, dass die weltweit agierenden Unternehmen an keine weltweit wirksame Rechtsordnung gebunden sind. Die immer nur für einzelne Staaten oder Regionen gültigen Sanktionsmechanismen erweisen sich als stumpfes Schwert.

Kollisionen mit datenschutzrechtlichen Vorschriften sind alltäglich. Bisweilen werden sie mit kräftigen Geldbußen bestraft. Wird Facebook von US-Behörden mit einer Strafe von 5 Milliarden Dollar belegt, hat dies jedoch keinen signifikanten Einfluss auf die Geschäftspolitik. Wenn Amazon wegen Verstößen gegen die Europäische Datenschutzgrundverordnung 746 Millionen Euro Strafe zahlen muss, ist das gemessen an Quartalsumsätzen von 113 Milliarden Dollar selbst dann noch überschaubar, wenn diese Umsätze hinter den ursprünglichen Erwartungen zurückbleiben (Lindner/Benrath 2021).

Big Data und informationelle Selbstbestimmung

Nicht nur von Plattformfirmen werden Daten gesammelt und genutzt. Jeder digitale Einkauf, jede Nutzung einer Kredit- oder Kundenkarte, jede Registrierung von Konsumgewohnheiten und jede Sammlung von digitalen Gesundheitsdaten oder Krankheitsbefunden erzeugt Daten, die in einer datengetriebenen Gesellschaft weitere Nutzung nach sich ziehen. Sie sind umso wertvoller, je enger sie mit der einzelnen Person verbunden sind und deren Persönlichkeitsprofil vervollständigen. Sie haben aber auch einen großen Wert als Big Data, also als aggregierte Datensammlungen, aus denen generalisierende Schlüsse – sei es zu Konsumgewohnheiten oder zu Krankheitsbefunden – abgeleitet werden können. An dieser Stelle verbindet sich die Digitalisierung des persönlichen Alltags mit der Schaffung und Nutzung von großen Datensammlungen, eben von Big Data.

Angesichts dieser Entwicklung wird die Schlüsselaufgabe häufig darin gesehen, durch wechselseitige Beschränkung den Schutz der Privatsphäre und die Wahrung der informationellen Selbstbestimmung mit den wirtschaftlich erwünschten und gemeinwohlfördernden Effekten vereinbar zu machen. Doch diese Betrachtungsweise trägt die Gefahr einer Grundrechtsrelativierung in sich. Sie vernachlässigt die gerade im deutschen Rechtssystem durch eine maßstabsetzende Entscheidung des

Bundesverfassungsgerichts von 1983 verankerte grundrechtliche Qualität der informationellen Selbstbestimmung.

Das Gericht hat dieses Grundrecht aus dem allgemeinen Persönlichkeitsrecht abgeleitet, das sich aus der Unverletzlichkeit der Menschenwürde (Art. 1 des Grundgesetzes) in Verbindung mit der freien Entfaltung der Persönlichkeit (Art. 2 Abs. 1 des Grundgesetzes) ergibt. Eine Möglichkeit zur gesetzlichen Einschränkung des Rechts auf informationelle Selbstbestimmung ist angesichts dieser Herleitung nicht vorgesehen. Einer solchen Einschränkung wird aber dadurch der Weg geebnet, dass Nutzer digitaler Plattformen von sich aus auf die Wahrung der informationellen Selbstbestimmung verzichten, weil für sie die mit der Nutzung verbundenen Vorteile die möglichen Nachteile eines Verzichts auf die eigenen Grundrechte überwiegen. Die Datenethikkommission der Bundesregierung erreicht ein vergleichbares Ergebnis dadurch, dass sie das «Dateneigentum» gegenüber dem Sacheigentum oder dem geistigen Eigentum geringer einschätzt (Datenethikkommission 2019: 18). Das führt zu einer Umkehrung der Beweislast. Es muss nicht mehr bewiesen werden, dass Eingriffe in die Datenautonomie unumgänglich sind. Es muss vielmehr umgekehrt begründet werden, warum bestimmte Datennutzungen durch Dritte nicht vertretbar sind. Doch die Einhegung des Missbrauchs allein reicht nicht aus. Die weitergehende Aufgabe besteht darin, den Gebrauch personenbezogener Daten für begründungspflichtig zu erklären.

Im Fall der Nutzung von Gesundheitsdaten würde bei einer solchen Betrachtungsweise als Grundsatz gelten, dass Daten, die im unmittelbaren Interesse eines Patienten erhoben werden, nur nach ausdrücklicher Information und wissentlicher Zustimmung der betroffenen Person über dieses Eigeninteresse hinaus verwendet werden dürfen. Bei informierter Zustimmung kann es für eine solche Nutzung sehr gute ethische Gründe geben. Große Datenmengen können die Diagnose wie die Therapie schwerer Krankheiten entscheidend fördern. Die rechtliche Entwicklung geht jedoch deutlich in eine andere Richtung.

Die dafür maßgebliche Europäische Datenschutz-Grundverordnung, die 2018 in Kraft getreten ist, verfolgt erkennbar das Ziel, die umfangreiche Nutzung privater Daten mit dem Recht auf informationelle Selbstbestimmung vereinbar zu machen und zugleich eine Nutzung dieser Daten in möglichst hohem Umfang zu ermöglichen. Dafür werden die Instrumente der Anonymisierung und Pseudonymisierung eingesetzt. Dadurch soll das Grundrecht auf informationelle Selbstbestimmung in einer Weise berücksichtigt werden, die zugleich dem Interesse von Wirtschaftsunternehmen und Forschungseinrichtungen am erwünschten großen Umfang von Datenmengen Rechnung trägt. Aus ethischer Perspektive ist es jedoch keineswegs unproblematisch, die Daten einer Person dann als frei verfügbar anzusehen, wenn sie statt unter dem authentischen Herkunftsnamen unter einem Pseudonym genutzt werden. In welchem Umfang und mit welchen Methoden die Pseudonymisierung Rückschlüsse auf reale Personen zulässt, wird nur von wenigen Experten durchschaut. Das zeigt, wie dünn das Eis nach wie vor ist, auf dem die Standards des Grundrechts auf informationelle Selbstbestimmung gewährleistet werden sollen.

Dass die Pseudonymisierung sich mit einer Erweiterung der erlaubten Nutzungsmöglichkeiten von Daten verbindet, zeigt sich beispielhaft an einem «Whitepaper zur Pseudonymisierung», das im Rahmen des vom Bundeswirtschaftsministerium ausgerichteten Digital-Gipfels 2017 vorgelegt wurde. In diesen «Leitlinien für die rechtssichere Nutzung von Pseudonymisierungslösungen unter Berücksichtigung der Datenschutz-Grundverordnung» heißt es wörtlich: «Die Pseudonymisierung kann Verarbeitungen zulässig machen, die ansonsten nicht zulässig wären, was insbesondere heute, im Zeitalter von Big Data und Internet of Things, von wesentlicher Bedeutung ist.» Im Rahmen von Interessenabwägungen gilt eine Datenverarbeitung als erlaubt, «die zur Wahrung berechtigter Interessen des Verarbeiters erforderlich ist. Voraussetzung ist, dass die Interessen oder Grundrechte und Grundfreiheiten der betroffenen Person, die den Schutz der personenbezogenen Daten erfordern, nicht überwiegen. In die Interessenabwägung kann zugunsten des Verarbeiters einfließen, dass er die Daten pseudonymisiert hat.» (Schwarzmann/Weiß 2017: 16)

Die Abwägung zwischen Grundrechten der betroffenen Person und berechtigten Interessen des Verarbeiters wird hier unzweideutig als das angemessene Verfahren dargestellt. Ausdrücklich wird hervorgehoben, dass die Abwägung in Fällen der Pseudonymisierung anders ausfallen kann als in Fällen, in denen der Name der Person, von der die Daten stammen, bekannt ist. Noch weiter gehend heißt es an anderer Stelle, dass «die Pseudonymisierung von Daten den für die Datenverarbeitung Verantwortlichen von der Erfüllung bestimmter datenschutzrechtlicher Pflichten befreien oder diese Pflichten reduzieren kann» (Schwarzmann/Weiß 2017: 17).

Daten – gerade solche, die Personen betreffen – gelten als «Rohstoff» der digitalen Gesellschaft. Entsprechend weitgehend sind die Ansprüche an ihre Nutzung. Auch nach Inkrafttreten der Europäischen Datenschutz-Grundverordnung ist keineswegs garantiert, dass digitale Daten in einer Weise gesichert sind, die dem Grundrecht auf informationelle Selbstbestimmung gerecht wird.

In der deutschen Debatte sind die ethischen Probleme bei der Nutzung personenbezogener Daten in dem 2019 veröffentlichten Gutachten der von der Bundesregierung eingesetzten Datenethikkommission prominent erörtert worden. Acht ethische Leitgedanken bestimmen die Argumentation. Wichtige Stichwörter sind dabei: menschenzentrierte und wertorientierte

Gestaltung von Technologie; Förderung digitaler Kompetenzen und kritischer Reflexion in der digitalen Welt; Stärkung des Schutzes von persönlicher Freiheit, Selbstbestimmung und Integrität; Förderung verantwortungsvoller und gemeinwohlverträglicher Datennutzungen; risikoadaptierte Regulierung und wirksame Kontrolle algorithmischer Systeme; Wahrung und Förderung von Demokratie und gesellschaftlichem Zusammenhalt; Ausrichtung digitaler Strategien an den Zielen der Nachhaltigkeit; Stärkung der digitalen Souveränität Deutschlands und Europas (Datenethikkommission 2019: 13). Wenn diese Leitgedanken nicht nur als Rahmenbestimmungen für staatliches Handeln in diesem Bereich verstanden werden, sondern auch Forschungsinstitutionen, privatwirtschaftliche Unternehmen und zivilgesellschaftliche Akteure verpflichten sollen, zeichnet sich eine große Aufgabe ab. Erst recht gilt das, wenn solche Maßstäbe nicht nur die institutionelle und wirtschaftliche Verwendung von Daten, sondern auch den Umgang der einzelnen Akteure mit ihnen bestimmen sollen. Dann geht es ohne Zweifel nicht nur um rechtliche Rahmensetzungen und um *corporate digital responsibility,* sondern ebenso um die persönliche Ausbildung digitaler Verantwortung. Denn mit den eigenen Daten verantwortlich umgehen zu können ist ein unentbehrlicher Bestandteil informationeller Selbstbestimmung.

Betrachtet man jedoch diesen eigenverantwortlichen Umgang mit den persönlichen Daten genauer, so kommt man zu einem weithin ernüchternden Ergebnis: Die dopamingetriebene Abhängigkeit von digitalen Plattformen scheint stärker zu sein als der Gedanke digitaler Souveränität im Kleinen wie im Großen. Jaron Laniers *Zehn Gründe, warum du deine Social Media Accounts sofort löschen musst* haben sich zwar gut verkauft, aber viele Nachahmer hat Lanier mit seinem persönlichen Verzicht auf solche Benutzerkonten nicht gefunden. Seine stolze Feststellung, er sei «der lebende Beweis dafür, dass man auch

ohne Social-Media-Accounts in den Medien präsent sein kann»
(Lanier 2018: 10), lässt sich auf Nutzer, die nicht zu den Inter-
netpionieren der ersten Stunde gehören, kaum übertragen.
Seine Richtungsangabe ist trotzdem erwägenswert: «Ich werde
also erst dann ein Nutzerkonto bei Facebook, Google oder Twitter anlegen, wenn ich dafür bezahlen darf – und wenn ich das
eindeutige Recht an meinen eigenen Daten habe und den Preis
für sie selbst festsetzen kann, und es einfach und normal ist,
dass ich mit meinen Daten Geld verdiene, falls sie wertvoll sind.
Bis dahin muss ich vielleicht noch eine Weile warten, aber das
ist es wert.» (Lanier 2018: 152) Praktikabel ist der Vorschlag
nicht deshalb, weil ein Nutzerkonto bei Facebook, Google oder
Twitter auf absehbare Zeit kostenpflichtig sein wird, sondern
weil es andere Anbieter gibt, die auf einer solchen Grundlage
arbeiten. Die Zahl der Menschen wächst, die zu Messenger-
Diensten oder digitalen Plattformen übergehen, für die sie bezahlen. Sie erwarten, dass sie damit eine höhere Datensicher-
heit erhalten. Es muss ja nicht immer Facebook, Google oder
Twitter sein.

4. GRENZÜBERSCHREITUNGEN

Die Erosion des Privaten

Eine Schlüsselszene in Dave Eggers' Roman *The Circle* schildert die interne Kommunikation in einem Digitalunternehmen. Neue Errungenschaften werden den Mitarbeitenden durch die guruhaften Chefs offenbart. Eine dieser Errungenschaften ist eine effizientere Urlaubsplanung. Eamon Bailey, einer der «Gurus» der Firma, zeigt den erstaunten Mitarbeiterinnen und Mitarbeitern, wie er an verschiedenen, von ihm bevorzugten Urlaubsorten verborgene Kameras angebracht hat, die ihm zeigen, wie es an diesen Urlaubsorten aktuell aussieht. So informiert er sich, welcher Ort für einen spontanen Kurzurlaub am besten geeignet ist.

Von derselben Technologie macht er Gebrauch, um seine Mutter in ihrer Wohnung zu überwachen, damit er bei Unglücksfällen sofort eingreifen kann. Die Mutter weiß nichts von den kleinen, für sie unsichtbaren Kameras, die über die Zimmer ihrer Wohnung verteilt sind. Der Sohn hat das beruhigende Gefühl, dass seine Mutter im Bedarfsfall so schnell wie irgend möglich Unterstützung erfährt. Dass er ohne ihr Wissen in ihre Privatsphäre eindringt, ist für ihn unerheblich. Auch gegen Kindesentführungen und sexualisierte Gewalt gibt es ein Mittel: In die Fußknöchel der Kinder wird ein Chip implantiert, der ungewöhnliche Ereignisse sofort registriert. Die Frage lautet: «Willst du ein lebendes Kind mit einem Chip im Knöchel ... oder willst du ein totes Kind?» (Eggers 2014: 107) Die nötige Sicherheit erreicht man nur, wenn man dem Grundsatz folgt: «Alles, was passiert, muss bekannt sein» (83). Oder noch umfassender: «Geheimnisse sind Lügen. Teilen ist Heilen. Alles Private ist Diebstahl.» (346)

In diesen kurzen Sätzen zeigt sich auf beklemmende Weise die Umwertung wichtiger Werte im Zeitalter der Digitalisierung. Die Wahrung der Privatsphäre wird als Diebstahl und das Geheimnis als Lüge bezeichnet, denn insbesondere persönliche Daten gehören unter digitalen Bedingungen einer größeren Gemeinschaft. Das Recht auf Privatheit tritt nicht nur dahinter zurück, sondern wird als Usurpation gebrandmarkt. Diese Umwertung wird durch die ideologische Überhöhung des «Teilens» gerechtfertigt.

In ihrem ethischen Verständnis setzt die Bereitschaft zum Teilen eine freie Entscheidung voraus, auf deren Grundlage jemand etwas von dem, was ihm gehört, an andere weitergibt. Im Blick auf private Daten wird jedoch in wachsendem Maß bestritten, dass die Einzelnen selbst über sie verfügen können. Was sie haben, hat seine Funktion nur darin, dass sie es mit anderen «teilen». Dieser Vorgang bedarf keiner Begründung; er wird umso selbstverständlicher, je größer das Echo ist. Begründungspflichtig ist nicht das Muster wechselseitiger Bestätigung, das zum «Teilen» gehört. Rechtfertigung wird von dem verlangt, der seine Daten dem allgemeinen Zugriff vorenthält. Er verstößt gegen die Regel des digitalen Kommunismus. Er verweigert sich dem allgemeinen Glücksgefühl, das angeblich durch solches Teilen entsteht – denn «Teilen ist Heilen». Das Wort «Teilen» reiht sich damit in die Gruppe derjenigen Worte ein, deren Sinn sich im digitalen Zusammenhang grundlegend verändert. Denn «Teilen» bedeutet nun Preisgeben. Was geteilt ist, kann nicht zurückgeholt werden. Der Verwendung durch andere sind keine Grenzen gesetzt.

Auch wenn im gängigen digitalen Bewusstsein, wie es in *The*

Circle markant zum Ausdruck kommt, die kostenlose Preisgabe des Privaten als selbstverständliche Pflicht gilt, sollte einem bewusst bleiben, dass die Auslieferung des Privaten zu dem Preis gehört, den die Nutzer für ihre Accounts in den digitalen Medien bezahlen. Sie bezahlen nicht durch Nutzungsentgelte, sondern durch Daten. Diese Daten bilden die Grundlage für die steigenden Gewinne der Internet-Giganten wie für die Effizienzsteigerung der Algorithmen, mit deren Hilfe die Konsumgewohnheiten genauer erforscht, Werbeangebote immer weiter personalisiert oder Übersetzungsdienste kontinuierlich verbessert werden.

Dass alle, die von den Angeboten digitaler Plattformen profitieren, dadurch in die Mechanismen des Überwachungskapitalismus einbezogen werden, weckt erstaunlich wenig Argwohn oder gar Gegenwehr. Dass diese Überwachungsökonomie des einundzwanzigsten Jahrhunderts einen vergleichbar tiefgreifenden Einfluss auf die menschliche Lebensführung ausübt wie der Industriekapitalismus des neunzehnten und zwanzigsten Jahrhunderts, beeindruckt die davon Betroffenen nur wenig. Die dramatischen Worte, mit denen die amerikanische Ökonomin Shoshana Zuboff das Ausmaß der digitalen Fremdbestimmung beschreibt, ändern nichts an dem Gleichmut, mit dem diese neue Art kollektiver Unfreiheit hingenommen wird: «So wie der Industriekapitalismus sich zur fortwährenden Weiterentwicklung der Produktionsmittel für die Herstellung preiswerter Produkte gezwungen sah, so sind die Überwachungskapitalisten und ihre Klientel heute Sklaven der fortwährenden Weiterentwicklung ihrer Mittel zur Verhaltensmodifikation und der zunehmenden Gewalt instrumentärer Macht.» «Instrumentär» nennt sie die neue Art von Macht, weil sie «menschliches Verhalten im Sinne der Ziele anderer» formt. Anstelle von Waffen und Armeen «bedient sie sich zur Durchsetzung ihres Willens eines automatisierten Mediums: der zunehmend allgegenwärtigen rechnergestützten Architektur ‹intelligenter› vernetzter Geräte, Dinge und Räume» (Zuboff 2018: 23).

Menschen, die sich auf digitale Plattformen und Netzwerke einlassen, durchschauen oft nicht, was dabei mit ihren Daten und mit ihrer Person geschieht. Auch der Umgang mit Suchanfragen und deren Weiterverwendung bleibt für die meisten im Dunkeln. In der Regel unterschätzen die Nutzer der Suchmaschine von Google das dichte Netz von Informationen, das sie durch ihre Suchanfragen hinterlassen. Dabei besteht durchaus die Möglichkeit, sich wenigstens ein Bild davon zu machen. Jede Nutzerin und jeder Nutzer kann die eigenen Daten bei der weltgrößten Suchmaschine anfordern und sich über die eigene Mitteilungsbereitschaft in Form von Suchanfragen informieren. Die Berliner Künstlergruppe Kollektiv Laokoon hat Google-Nutzer darum gebeten, ihre bei Google angeforderten Daten als Datenspende zur Verfügung zu stellen. Lisas Daten aus dem Zeitraum von fünf Jahren enthielten ungefähr 100 000 Informationen. Die Künstler versuchten, die Biographie zu rekonstruieren, die sich aus diesen Daten ergab (Laokoon 2021). Die auf diese Weise erschlossene Lebensgeschichte ließen sie von einer Schauspielerin nachspielen. Schließlich wurde die authentische Person mit der nachgespielten Biographie konfrontiert. Lisas Kommentar: «Es ist wahnsinnig krass, wie durchsichtig wir sind.» Wer diesen Film im Netz anschaut, wird dazu eingeladen, während der Beschäftigung mit ihm Einschätzungen über Lisas Persönlichkeit und Lebensgeschichte abzugeben. Am Ende werden die Zuschauenden darüber informiert, welche Folgerungen die Laokoon-Gruppe mit Hilfe eines Algorithmus aus dem registrierten Verhalten des Betrachters während der Dauer des Films ableitet. Das ist wenig, aber doch erheblich mehr, als einem lieb sein kann. In der Werbewirtschaft werden solche Einsichten mit ungleich höherem Aufwand vermarktet. In der personenbezogenen Auswertung wird durch psychologisches

Targeting so präzise wie möglich vorausgesagt, wie jemand sich verhalten wird. Wer sich um eine realistische Einschätzung solcher Vorgänge bemüht, kann nicht länger der Meinung anhängen, mit den Möglichkeiten des Netzes werde die Tür zur Freiheit aufgetan. Umso erstaunlicher ist es, wie hartnäckig sich dieser Irrglaube hält.

Die ethische Mindestforderung angesichts solcher Befunde besteht darin, sich keinen Illusionen hinzugeben. Alle Beteiligten sind selbst dafür verantwortlich, welchen Suchmaschinen sie ihre Daten anvertrauen und auf welchen digitalen Plattformen sie – wenn überhaupt – kommunizieren. Es ist ein Gebot der Selbstachtung, Anbieter mit transparentem Datenschutz zu bevorzugen, Suchanfragen auf das Notwendige zu beschränken und Informationen über sich selbst nicht leichtfertig preiszugeben. Es empfiehlt sich, einer ethischen Regel zu folgen, die Hans Jonas in den siebziger Jahren des vergangenen Jahrhunderts im Rahmen seiner Verantwortungsethik entwickelt hat. Angesichts riskanter Folgen moderner Technologien für die Zukunft der Menschheit forderte er zu einer «Heuristik der Furcht» auf, wie sie uns ausgehend vom *precautionary principle* bereits im zweiten Kapitel begegnet ist. Er hielt es für nötig, dass die Risiken und Gefahren moderner Technologien ernster genommen werden als ihr möglicher Nutzen (Jonas 2015: 65 ff.).

Doch eine individuelle Heuristik der Furcht allein wird nicht reichen. Ebenso nötig ist eine Selbstverpflichtung der Digitalfirmen, den Missbrauch von persönlichen Daten durch deren Weitergabe an Dritte oder durch ihre Nutzung zu psychologischem Targeting zu unterlassen. Nötig ist außerdem eine Verschärfung der internationalen Rechtsregeln für den Umgang mit persönlichen Daten im Netz. Die Europäische Datenschutz-Grundverordnung, die seit 2018 für alle Mitgliedsstaaten der Europäischen Union gültig ist, hat den Schutzbereich für personenbezogene Daten erweitert und die Sanktionen gegen Verstöße verschärft. Für die international agierenden Digitalfirmen scheint jedoch – wie gezeigt – ein Bußgeld bis zu 4 Prozent des jährlichen weltweiten Umsatzes nicht besonders einschüchternd zu sein. Mehr Aufsehen als Verfahren gegen den Missbrauch von personenbezogenen Daten erregen Verfahren, die sich gegen den Missbrauch von Marktmacht richten und zur – rechtlich regelmäßig umstrittenen – Verhängung von Strafen in Milliardenhöhe führen. Doch eine durchgreifende Wirkung haben auch solche Entscheidungen nicht. Die Bändigung der Macht durch das Recht ist gerade in diesem Feld nur schwer zu erreichen.

Noch gefährlicher ist die Situation dort, wo es um rechtsstaatliche Regeln ohnehin schlecht bestellt ist. In autoritär regierten Ländern ist die Anpassung des staatlichen Verhaltens an die Praxis der Digitalunternehmen mit Händen zu greifen. Dort, wo die politische Meinungsfreiheit eingeschränkt, der Schutz des geistigen Eigentums reduziert und die Privatsphäre von Staats wegen ausgeforscht wird, fehlt es oft an zivilgesellschaftlichem Widerstand gegen Entwicklungen, an die viele sich durch die Üblichkeiten des digitalen Raums ohnehin gewöhnt haben. Die Schwächung der Bürgerrechte, die in vielen Staaten der Welt an der Tagesordnung ist, stößt im Umgang mit dem Netz keineswegs auf eindeutigen Widerstand. Vielmehr werden populistisch-autoritäre Regime durch das Verhalten der Bürgerinnen und Bürger gegenüber dem Internet genauso gestützt, wie sie ihrerseits das Netz für ihre Absichten einsetzen.

Ist digitale Kommunikation privat oder öffentlich? Man mag die E-Mail noch als eine veränderte Form des Briefschreibens ansehen, auch wenn die gleichzeitige Versendung zahlreicher Kopien und Blindkopien weitaus einfacher ist als im traditionellen Briefverkehr. Doch digitale Plattformen sind ihrem Wesen nach öffentliche Medien, es gibt in ihnen keinen spezifischen Raum für Privatheit. Viele Menschen teilen im Netz Dinge mit, die ihren Ort im geschützten Bereich des Privaten haben. Gerade solche Informationen werden durch die Plattformen und deren Algorithmen besonders effizient für wirtschaftliche und andere Zwecke genutzt. Das Recht auf Privatheit wird heute nicht nur durch autokratische Regime beeinträchtigt, sondern mehr noch durch die Selbstverletzung derjenigen, denen das Recht auf Privatheit zukommt. Gegen diese Selbstverletzung gibt es keine rechtlichen Handhaben, weil sie sich freiwillig durch den ungehinderten und kostenlosen Gebrauch von Internet-Plattformen oder digitalen Netzwerken vollzieht.

Dieser Vorgang wird weithin als irrelevant angesehen. Als viel wichtiger gilt die Möglichkeit, sich über Ereignisse auf dem ganzen Erdkreis in «Echtzeit» informieren zu können. Wie es scheint, wird nun eine Vision eingelöst, die Immanuel Kant schon im Jahr 1795 formuliert hat. Seine Hoffnung richtete sich auf eine Zeit, in der «die Rechtsverletzung an *einem* Platz der Erde an *allen* gespürt werde». Wenn dies einträte, so fügte er hinzu, sei «die Idee eines Weltbürgerrechts keine phantastische und überspannte Vorstellungsart des Rechts», sondern vervollständige das Staats- und Völkerrecht zum «öffentlichen Menschenrechte überhaupt» (Kant 1956, Bd. 9: 216 f.). Was Kant erhoffte, ist heute technisch möglich. Doch die von ihm erwartete Wirkung wird zu weiten Teilen in ihr Gegenteil verkehrt. Solange wir das Netz in einer Weise gebrauchen, in der wir die Rechte anderer wie unsere eigenen Rechte permanent verletzen, ist es noch weit davon entfernt, ein Instrument zur Förderung universaler Menschenrechte zu sein.

Nicht nur durch digitale Plattformen wird in die Privatsphäre eingegriffen. Das geschieht vielmehr auch durch staatliche Interventionen. Neben die extensive Nutzung digitaler Möglichkeiten durch staatliche Geheimdienste tritt die tiefgreifende Umgestaltung von Grenzregimen mit digitalen Mitteln. Damit stellt sich die Frage nach Grenzüberschreitungen beim Grenzübertritt. Der Berliner Soziologe Steffen Mau verwendet für die neuen Entwicklungen im Bereich des staatlichen Grenzregimes den Begriff der *smart borders,* der «intelligenten Grenzen» (Mau 2021: 99–117). Deren Ziel ist die möglichst umfassende und permanente Überwachung mit den Mitteln digitaler Intelligenz. Gesteigerte Sicherheitsanforderungen angesichts des internationalen Terrorismus, neue Kontrollbedürfnisse im Blick auf globale Migrationsströme und andere Faktoren haben diese Entwicklung seit Beginn des einundzwanzigsten Jahrhunderts sehr beschleunigt.

China gehört zu den Vorreitern von intelligenten Grenzen. Insbesondere in Flughäfen finden sich markante Beispiele für das digitale Grenzregime der Zukunft. Entscheidend ist dabei die Verknüpfung zwischen biometrischen und informationellen Faktoren. Menschen werden nicht mehr durch papierene Dokumente, sondern durch die weitgehend fälschungsresistente Nutzung biometrischer Daten wie des Iris-Scans und des biometrischen Fingerabdrucks identifiziert. Ihre Identität wird mit Informationen über ihre Aufenthaltsorte, Tätigkeiten und besonderen Auffälligkeiten verknüpft. Dabei wird eine möglichst weitgehende Nutzung von Daten nicht nur aus dem internationalen staatlichen, sondern auch aus dem privatwirtschaftlichen Bereich angestrebt. In Analogie zu Big Data spricht man in solchen Zusammenhängen von *big borders.* Die Kombination großer Datenmengen mit effektiver Verarbeitung ermöglicht eine schnelle Kontrolle, «die sehr effizient und weitgehend automatisiert zwischen erwünschter oder unerwünschter beziehungsweise risikoarmer oder risikobehafteter Mobilität» unterscheiden kann (103). Für die Passagiere ist das Ausmaß der Kontrolle nicht überprüfbar. Die damit verbundene Einschränkung ihrer Datensouveränität wird im Regelfall dadurch kompensiert, dass die Vertiefung der Kontrolle mit einer schnellen Abfertigung einhergeht. Die Akzeptanz wird auch dadurch erhöht, dass die gesamte Überprüfung ohne persönliche Befragung vonstattengeht. Mit einer Zwischenform wird in der Europäischen Union experimentiert: Avatare werden eingesetzt, um Fragen zu stellen, während eine Art Lügendetektor mit Hilfe einer Kamera die Wahrheitsgemäßheit der Antworten einschätzt. Vermutlich wird die Mehrheit der Passagiere derartige Verfahren nach kurzer Eingewöhnungszeit ebenso hinnehmen wie den Einsatz von Körperscannern. Vorausgesetzt ist dabei, dass der vermeintliche Vorteil die – im Umfang vom Einzelnen nicht abzuschätzenden – Nachteile zu überwiegen scheint.

Das Ergebnis ist paradox: Auf der einen Seite dehnen sich die Vorstellungen von individueller Selbstbestimmung immer weiter aus und schließen sogar den Anspruch auf selbstbestimmtes Sterben ein. Auf der anderen Seite wächst die Bereitschaft, auf den Schutz der Privatsphäre und das Verfügungsrecht über die eigenen Daten im Netz zu verzichten. Dem digitalen Freiheitsgewinn wird ein erheblicher Teil der persönlichen Freiheit geopfert.

Die Deformation des Öffentlichen

Die Erosion des Privaten verbindet sich keineswegs mit einer Ausdehnung des Öffentlichen. Vielmehr entstehen unter dem Dach eines globalen digitalen Netzes vielfältige partielle Öffentlichkeiten, zwischen denen es häufig keinerlei Kommunikation, geschweige denn einen argumentativen Austausch gibt. Eli Pariser hat dafür 2011 den Begriff der Filterblase *(filter bubble)* geprägt (Pariser 2012). Die Rede ist von einem algorithmisch gesteuerten Informationskosmos auf digitalen Plattformen, der dem einzelnen Nutzer und der einzelnen Nutzerin Informationen oder Meinungen zuspielt, die zu deren bisher digital erfassbaren Einstellungen passen und diese verstärken. Widersprechende Auffassungen und kognitive Dissonanzen treten dagegen in den Hintergrund. Aus dem Profil der Nutzerin oder des Nutzers wird abgeleitet, ob diesen beispielsweise unter dem Kürzel BP Investitionsmöglichkeiten bei British Petroleum vorgeschlagen oder ob sie über die von der Bohrplattform Deepwater Horizon im Jahr 2010 verursachte Ölpest informiert werden. Die eine Information wird für ein konservativ-wirtschaftsnahes, die andere für ein liberal-systemkritisches Profil ausgewählt. Nicht die Begegnung mit unerwarteten Aspekten, sondern die Bestätigung von Voreinstellungen durch eine dazu passende Auswahl von Informationen oder Kommentaren bestimmt diese algorithmische Konstruktion.

Neu daran ist nicht, dass Menschen eine Neigung dazu haben, sich mit Gleichgesinnten zusammenzutun. In dieser Hinsicht versammeln auch politische Parteien oder meinungsstarke Zeitungen die Menschen in «Filterblasen». Neu ist der verdeckte, anonymisierte und automatisierte Charakter dieser Vorgänge. Während die Wahl einer Zeitung oder der Eintritt in eine Partei bewusste Vorgänge sind, vollzieht sich die Bildung einer Filterblase ohne bewusste Entscheidung der Betroffenen. Gerade weil die Filterungskriterien unbekannt sind und der Filterungsvorgang intransparent ist, gehen die Nutzenden häufig davon aus, dass sie objektiv und unvoreingenommen informiert werden. Dies erschwert die Selbstkorrektur ebenso wie den kritischen Dialog. Trotz solcher Mechanismen kommt es selbstverständlich vor, dass Menschen mit unterschiedlichen Einstellungen zu kontroversen Themen identische Suchergebnisse erhalten. Viele werden im Netz mit Suchergebnissen oder Werbung konfrontiert, die von den eigenen Interessen weit entfernt sind. Aus guten Gründen ist deshalb umstritten, wie weit das Phänomen der Filterblase reicht. Besser wird es dadurch nicht, zeigt es doch nur die Intransparenz der Algorithmen und ihre – vorläufige – Unvollkommenheit.

Der Begriff der Filterblase wird unterschiedlich verwendet. Plausibel ist es, ihn dann zu gebrauchen, wenn Suchvorgänge im Netz mit einer einseitigen Tendenz beantwortet werden, die mit unterstellten Erwartungen des Fragenden zusammenhängt. Als Echokammern und nicht als Filterblasen sollten demgegenüber Kommunikationsräume in digitalen Medien und Netzwerken bezeichnet werden, in denen durch Zustimmung und Widerspruch, durch Likes und Dislikes, sich sowohl Übereinstimmungen als auch Abgrenzungen verstärken. Denn im Netz spiegeln sich keineswegs nur Mechanismen wechselseitiger Bestätigung, sondern ebenso Mechanismen wechselseitiger Ablehnung und Verurteilung. Auf der einen Seite ist das Netz ein Tummelplatz von professionellen wie dilettierenden Influencern und ihren Followern. Auf der anderen Seite bietet es Raum für scharfe, oft entwürdigende Polemik, die sich bis zu Hasstiraden steigern kann.

Das erfordert Reaktionen auf der Mikroebene ebenso wie auf der Meso- und der Makroebene. Zuallererst ist es Aufgabe der Einzelnen, soweit sie sich am Austausch in digitalen Medien beteiligen, dies in einer von Respekt geprägten Weise zu tun. Darüber hinaus ist es auf einer Mesoebene die Pflicht der Plattformen, menschenfeindlichen Äußerungen keinen Spielraum einzuräumen. Ebenso wie Antisemitismus und Rassismus sich nicht im Netz ausbreiten dürfen, müssen auch Vernichtungsdrohungen gegen Einzelne oder die Anstiftung zu mörderischen Handlungen auf digitalen Plattformen durch deren Provider unterbunden werden.

Schließlich ist auf einer Makroebene durch die staatliche Rechtsordnung sicherzustellen, dass Verstöße sanktioniert werden und deren Wiederholung unterbunden wird. Digitale Dienste sind auf die Achtung der Menschenrechte und die Ächtung von Menschenfeindlichkeit zu verpflichten. Verstöße gegen diese Verpflichtungen müssen genauso geahndet werden wie der Missbrauch von Marktmacht. Innerhalb der Europäischen Union kann das nicht den einzelnen Mitgliedsstaaten überlassen bleiben. Dieses Vorhaben muss vielmehr europaweit gelingen. Auch im globalen Maßstab sollten elementare rechtliche Verpflichtungen digitaler Dienste diskutiert und nach Möglichkeit kodifiziert werden.

Wie wirkt sich die Macht digitaler Plattformen auf die politische Öffentlichkeit aus? Beinahe sechs Jahrzehnte nach der Veröffentlichung seines epochemachenden Buchs *Strukturwandel der Öffentlichkeit* hat Jürgen Habermas noch einmal zu diesem Thema das Wort ergriffen und sich der Frage gestellt, inwieweit die Funktionsprinzipien der demokratischen Öffentlichkeit durch die Digitalisierung gefährdet werden. Habermas entwickelt seine Vorstellung von Öffentlichkeit am Modell einer literarischen Öffentlichkeit, die zwischen Autoren, Lektoren und Redakteuren auf der einen Seite und Rezipienten auf der anderen Seite unterscheidet. Unter digitalen Verhältnissen entfällt zum einen die Rolle der Gatekeeper, die in der Regel von Lektoren oder Redakteuren wahrgenommen wird. Zum andern löst sich der Unterschied zwischen Autoren und Rezipienten auf. Die Digitalisierung erzeugt stattdessen «einen Kommunikationsraum, worin Leser, Hörer und Zuschauer spontan die Rolle von Autoren ergreifen können» (Habermas 2021: 471). Habermas sieht darin keineswegs eine Chance für eine erweiterte Demokratisierung der Öffentlichkeit, in der allen die Möglichkeit aktiver Beteiligung offensteht. Er erinnert daran, wie lange es dauerte, bis alle lesen lernten. Wie lange wird es erst dauern, bis alle «potentiellen Autoren» (489) in dieser Rolle heimisch werden können? Als schier übermächtig erscheint ihm deshalb die Tatsache, dass auf digitalen Plattformen eine Form der «halböffentlichen, fragmentierten und in sich kreisenden Kommunikation» (471) die Oberhand gewinnt. Eine politische Öffentlichkeit, in der Argumente geprüft und gegeneinander abgewogen werden, wird dadurch eher gefährdet als gefördert. Zwischen einem solchen schier unausweichlichen Verfall der politischen Öffentlichkeit von unbekannter Dauer und der «mit bloßem Auge» (486) erkennbaren politischen Regression besteht ein offenkundiger Zusammenhang. Auch im digitalen Zeitalter sind Teile der Gesellschaft nicht in die politische Öffentlichkeit integriert. Den öffentlich artikulierten Meinungen fehlt zu häufig die notwendige Rationalität. Diese Urteile von Jürgen Habermas aus dem Jahr 2021 muss man zu einer Überzeugung ins Verhältnis setzen, die er bei der Verleihung des Kyoto-Preises 2004 so formuliert hat: «Der Zustand einer Demokratie lässt sich am Herzschlag ihrer politischen Öffentlichkeit abhorchen.» (Habermas 2005: 25)

Insbesondere im Rahmen des Arabischen Frühlings von 2011 blühte kurzzeitig die Hoffnung auf, die basisdemokratische Möglichkeit, sich mit Mobiltelefonen zu Demonstrationen zu verabreden, werde schließlich auch undemokratische Machthaber in die Knie zwingen und so in eine demokratische Erneuerung münden. Diese Hoffnung zerstob schnell. Inzwischen hat sich vielfach gezeigt, dass die Nutzung der neuen Medien zu manipulativen Zwecken politisch einflussreicher war als deren basisdemokratische Inanspruchnahme. Um die Vorstellung, die Überwindung des *digital gap* werde zu einem globalen Demokratisierungsschub führen, ist es auf beängstigende Weise still geworden. Stattdessen wächst die Besorgnis, dass die Gewöhnung an Echokammern die Bereitschaft schwächt, sich in unmittelbaren physischen Begegnungen mit Fremden gewaltfrei auszutauschen und zu verständigen (Meireis 2019: 60). Dieser Mechanismus verstärkt die von Amartya Sen prognostizierte Neigung dazu, Menschengruppen auf ein einziges Merkmal zu reduzieren und dadurch einen Krieg der Kulturen sowohl zu konstruieren als auch voranzutreiben (Sen 2007).

Die Digitalisierung wird derzeit nicht deshalb zu einem politischen Schlüsselthema erklärt, um die Demokratie zu fördern, sondern um vermeintliche Defizite zu beheben, etwa eine unzureichende Digitalisierung von Verwaltung und Schulwesen oder einen Innovationsrückstand der europäischen Wirtschaft im internationalen Vergleich. Dahinter steht die Befürchtung, dass digitale Versäumnisse schweren Schaden für Staat und Wirtschaft zur Folge haben werden. So nachvollziehbar derartige Sorgen sind, muss die digitale Transformation sich gleichwohl so vollziehen, dass sie die Demokratie fördert und die Mündigkeit der Bürgerinnen und Bürger achtet.

Die Senkung von Hemmschwellen

Neben der Erosion des Privaten und der Infragestellung vertrauter Formen von Öffentlichkeit ist die Senkung von Hemmschwellen eine problematische Folge der Digitalisierung. Viele Nutzer bewegen sich anonym oder pseudonym in den digitalen Netzwerken. Sie kommunizieren mit Menschen, mit denen sie persönlich nicht bekannt sind. Anstandsregeln, die in der unmittelbaren Kommunikation von Person zu Person als üblich gelten, verlieren in den digitalen Medien weithin an Kraft. Die oft maßlosen Formen von Verachtung und Beschimpfung im Netz tragen ihrerseits jedoch zur Verrohung der Umgangsformen in der analogen Welt bei. Es gibt keinerlei Garantie dafür, dass in den digitalen Netzwerken ausschließlich oder auch nur vorrangig Inhalte verbreitet werden, die sich an der Würde des Menschen orientieren, mit Gegnern fair umgehen oder demokratische Grundsätze achten. Chris Wetherell, der die Retweet-Funktion bei Twitter entwickelt hat, sagt dazu: «Wir hätten auch einem Vierjährigen eine geladene Waffe in die Hand geben können.» So gefährlich erscheint ihm inzwischen das digitale Verbreitungspotential menschenfeindlicher Inhalte und Verhaltensweisen (Rauch 2021b: 45). Gewiss haben digitale Medien auch das Potential dazu, geprüfte Kenntnisse weiterzuverbreiten, die Wahrheit zu fördern und die Würde des Menschen zu achten. Doch die Funktionsweise dieser Medien führt dazu, dass die Irreführung höhere Verbreitungschancen hat als die Vermittlung von Kenntnissen, dass die Lüge für viele attraktiver ist als die Wahrheit, dass Hass auf andere Menschen leichter «viral geht» als der Respekt vor ihrer Integrität.

In Idar-Oberstein, einer beschaulichen Stadt am südlichen Rand des Hunsrücks, wurde am 18. September 2021 ein zwanzigjähriger Student aus blankem Hass ums Leben gebracht. Er arbeitete als Tankwart und wies einen Kunden mehrfach auf die Corona-bedingte Maskenpflicht hin. Der Neunundvierzigjährige beantwortete diese Aufforderungen, indem er den Studenten durch einen Schuss in den Kopf ermordete. Der Täter war offenbar darauf vorbereitet, seinen Hass auf die Corona-Regeln und auf Menschen, die sich für deren Einhaltung aussprechen, mit tödlicher Gewalt zum Ausdruck zu bringen.

Die Tat weckte Entsetzen und Mitgefühl. Doch hinter vorgehaltener Hand und in der Anonymität des Internets wurde sie auf vielfältige Weise unterstützt. Hinter solchen Gewalttaten versammelt sich immer wieder der Hass, der aus gesellschaftlicher Polarisierung erwächst. Hate Speech ist neben Cybermobbing und Cyberstalking eine der massivsten Formen digitaler Gewalt. Selbst wenn deren Opfer sich der suggestiven Kraft solcher Gewaltausübung zu entziehen versuchen, wirkt sie in vielfältigen Formen weiter. Verleumdungen, Verunglimpfungen und Drohungen, die sich im Internet ausbreiten, können von den Betroffenen nicht in all ihren Facetten wahrgenommen und in ihren Ausmaßen eingeschätzt werden. Sie verbreiten sich viral im Netz. Die Plattformen verweigerten sich lange der Verpflichtung, nicht nur den originalen Post, sondern auch die von Trittbrettfahrern geposteten Dubletten zu entfernen. Facebook hält an seiner laschen Praxis in der Beseitigung von Hate Speech trotz der Regelungen des deutschen Netzwerkdurchsetzungsgesetzes vom 1. Oktober 2017 weiterhin fest. Dagegen mit rechtlichen Mitteln vorzugehen, wie die Bundestagsabgeordnete Renate Künast dies mit bewundernswerter Beharrlichkeit seit Jahren versucht, kommt einer Sisyphusarbeit gleich. Der Unterschied ist nur, dass es sich nicht um *einen* Stein handelt, der den Berg hinaufgerollt werden muss. Vielmehr donnern viele Steine gleichzeitig den Berg hinunter. Nach einem langen Weg durch die Instanzen sprach erst das Bundesverfassungsgericht der Politikerin im Februar 2022 das Recht zu, von Facebook die personenbezogenen Daten verschiedener Nutzer zu erhalten, gegen deren abfällige Äußerungen sie sich zur Wehr setzen wollte. Die Leichtigkeit, mit der Nachrichten verbreitet, Informationen geteilt und Daten aggregiert werden können, gehört zu den großen Stärken der Digitalisierung. Doch diese Fähigkeit hat makabre Schattenseiten. Die digitalen Medien erweisen sich immer wieder als ein Ort, an dem sich der Hass verstärkt und Diskriminierung sich ausbreitet – die Hemmschwellen zur Ausübung von Gewalt werden abgesenkt. Diese wechselseitige Verstärkung von Polarisierung und Digitalisierung entwickelt eine beunruhigende, ja gefährliche Dynamik. Die rechtlichen Schranken gegen diese Entwicklung müssen verstärkt werden; die Anbieter digitaler Plattformen müssen ihrer Verantwortung besser gerecht werden; die Nutzer müssen sorgfältiger mit ihren eigenen Daten umgehen; die Unterstützung durch Initiativen, die kostenlose Beratung und wirksame Rechtshilfe anbieten, ist unentbehrlich. Auch in diesem Zusammenhang ist die Vermittlung digitaler Medienkompetenz als verpflichtender Bestandteil der Lehrpläne hervorzuheben.

Dem christlichen Glauben ist ein Geist der Vergebung und der Versöhnung eingeschrieben. Das ist sogar ein überschwänglicher Geist, wie Jesu Antwort auf die Frage zeigt, wie oft man seinem Bruder oder seiner Schwester vergeben solle – «nicht siebenmal, sondern siebzigmal siebenmal» (Matthäus 18,22). Doch dieser Geist vertraut darauf, dass in der persönlichen Begegnung Hass überwunden und Streit beigelegt werden kann. Dort jedoch, wo menschenverachtende Verletzungen mit technischen Mitteln vervielfacht werden, reicht persönliche Vergebungsbereitschaft nicht aus. Die Digitalfirmen müssen den Hass von ihren Plattformen verbannen, die Nutzer müssen mit ihren Daten verantwortlich umgehen, die Demütigung von Menschen muss mit den Mitteln des Rechts eingedämmt werden.

Das Verschwinden der Wirklichkeit

Spricht etwas dagegen, neue Autotypen virtuell zu entwickeln, statt jede einzelne Variante an einem analogen Prototypen zu testen? Ist es ein Rückschritt, wenn Architekten, statt von ihrem Entwurf eines neuen Hauses mühselig ein Modell erstellen zu müssen, das geplante Bauwerk virtuell viel leichter, zugleich aber auch anschaulicher und überzeugender präsentieren können? Es ist von großem praktischem Wert, Neues zunächst virtuell zu prüfen, bevor man es in die Tat umsetzt. Verloren gegangene Kulturen lassen sich virtuell so anschaulich vor Augen stellen, dass man meinen könnte, sie seien ein Teil unserer eigenen Gegenwart. Wichtige Gebäude der Vergangenheit lassen sich virtuell erlebbar machen. Virtual Reality gehört deshalb zu den vielversprechenden Aspekten der digitalen Entwicklung. Doch Grenzüberschreitungen lauern um die Ecke.

Selbstverständlich beschränken sich die Anbieter von Virtual Reality nicht auf Geräte, die für wissenschaftliche oder planerische Aufgaben entwickelt und in geringer Stückzahl verkauft werden. Vielmehr besteht das Ziel darin, Massentauglichkeit zu erreichen. Der Weg dahin war länger als gedacht. Datenhelme oder Datenhandschuhe, mit denen die Nutzerinnen und Nutzer einer künstlichen Welt nahe kommen sollten, waren unter anderem einfach zu schwer. Doch gegenwärtig zeichnet sich ab, dass sich solche Probleme überwinden lassen. Insbesondere Spiele, die auf dem Prinzip der Virtual Reality beruhen, werden in der nahen Zukunft den Markt erobern und neben Personal Computern und Mobilgeräten eine dritte Säule des Computing darstellen (Specht 2021: 199). Der Unterhaltungswert der Politik und des Sports wird erheblich gesteigert, wenn Kandidatendebatten oder Fußballspiele dreidimensional übertragen werden. Selbst Kriege lassen sich so darstellen, als wären sie Unterhaltung. Der Unterschied zwischen Realität und Fiktion verschwimmt.

Das ist nicht etwa ein unerwünschter Nebeneffekt dieser technischen Entwicklung. Vielmehr gehört die «Immersion» zu den erklärten Absichten vieler Vorhaben im Bereich der Virtual Reality. Immersion bedeutet, dass die Nutzerinnen und Nutzer so in die virtuelle Welt «eintauchen», dass sie diese von der wirklichen Welt nicht mehr zu unterscheiden vermögen. Nicht mit der Immersion als einer Wirkung der Virtual Reality zu verwechseln, aber in ihren Folgen vergleichbar ist die Augmented Reality. Bei ihr wird die Wirklichkeitswahrnehmung durch hinzugefügte virtuelle Elemente erweitert. Auch dafür gibt es Beispiele, die viele gelassen hinnehmen oder als sinnvoll betrachten mögen. So kann jeder Fernsehzuschauer bei Fußballspielen kritische Abseits-Entscheidungen des Schiedsrichters selbst überprüfen, indem das Fernsehbild für den entscheidenden Augenblick angehalten und um eine Linie ergänzt wird, an der sich genau ablesen lässt, ob die Abseitsregel verletzt wurde oder nicht. Wahrscheinlich wird man auf der Straße bald Menschen begegnen, in deren Brillenglas ein Bildschirm eingefügt ist. So wird der Weg zu Fuß oder mit dem Fahrrad zu einer *augmented experience.*

Die Verheißungen, die sich mit solchen Entwicklungen verbinden, werden in dem Ausdruck Metaversum zusammengefasst. Dieses Kunstwort verbindet das lateinische Substantiv
universum mit der griechischen Präposition *meta*. «Über das
Universum hinaus» – das ist der weitreichende Anspruch, der
sich mit diesem Wort verbindet. Mark Zuckerberg hat sein
Unternehmen 2021 in «Meta Platforms» umbenannt und damit
«Meta» zur neuen Dachmarke für Facebook, Instagram, Messenger, Oculus und WhatsApp ausgerufen – ein deutliches Zeichen für das Ziel, das er verfolgt. Über das Universum hinaus
soll es reichen, wenn virtuelle und physische Welt miteinander
verbunden werden, wenn Menschen in die virtuelle Welt eintauchen und sich auf Dauer in einer erweiterten Welt einrichten.

Der damit angestrebten Verschmelzung der Welten muss
man die Pflicht zur Unterscheidung entgegenhalten. Denn
wenn man Menschen nicht mehr von Avataren unterscheiden
kann, lassen sich auch die Menschen, denen man physisch
gegenübersteht, nicht mehr von denen unterscheiden, die man
gleichzeitig in der erweiterten Realität seiner Brille wahrnimmt.
Der Wahrnehmungsgewinn führt so zu einem Realitätsverlust.
Hinter der spielerischen Wahrnehmung fremder Welten kann
die Verantwortung für das eigene wie für fremdes Leben allzu
leicht verschwinden.

Als abstrakt und weltfremd werden viele die Befürchtung ansehen, dass sich eines Tages die gemeinsame Vorstellung von
Wirklichkeit auflöst. Der empirischen, dinglich fassbaren Realität tritt eine virtuelle Realität zur Seite. Dabei geht die Tendenz
dahin, dass der Unterschied zwischen virtueller und realer Welt
verschwimmt. Nick Bostrom, der in Oxford lehrende Theoreti-
ker der Superintelligenz, macht deutlich, dass es sich dabei keineswegs nur um *eine* virtuelle Welt handelt. Denn sobald *eine*
virtuelle Welt geschaffen werden kann, ist es auch möglich, be-
liebig viele derartige Welten entstehen zu lassen. Wie soll man

sich dann in der Welt orientieren können? Auch wenn man akzeptiert, dass unser Bild von der Wirklichkeit schon immer «gesellschaftlich konstruiert» ist und deshalb vielfältige Schattierungen aufweist, gehen die meisten doch davon aus, dass unsere unterschiedlich akzentuierten, weltanschaulich geprägten Bilder von der Wirklichkeit einen gemeinsamen Bezugspunkt haben. Welche Folgen wird es haben, wenn dieser Bezugspunkt verschwindet?

Die Wahrheit in der Infosphäre

Der in Oxford lehrende Philosoph und Medienkritiker Luciano Floridi hat vorgeschlagen, Menschen im Zeitalter der Digitalisierung als informationelle Organismen, sogenannte Inforgs, zu begreifen, die mit anderen Akteuren durch eine Umwelt von grundlegend informationellem Charakter, eine Infosphäre, verbunden sind. Stellt man jedoch in Rechnung, dass Menschen zugleich «Empathorgs», also empathische Organismen sind, hat die Vorstellung von Menschen als informationellen Organismen zentrale Folgen für die Ethik menschlicher Beziehungen. Dies führt zu der Frage, was es heißt, die Wahrheit zu sagen.

Was ist der Ort der Wahrheit in der Infosphäre? Viele Bücher über soziologische und ethische Probleme der Digitalisierung weisen in ihrem Sachregister keine Einträge zu diesem Thema auf. Es scheint nicht von besonderem Interesse zu sein. Zwar wächst das Misstrauen gegenüber dem Netz, weil es für die Verbreitung von Fake News missbraucht wird. Dabei scheinen die Kriterien für dieses Misstrauen eindeutig und unproblematisch zu sein – nämlich Objektivität auf der einen, Authentizität auf der anderen Seite. Objektivität steht dabei für die Entsprechung zwischen Fakten und Aussagen, Authentizität für die Entsprechung zwischen der eigenen Identität und der Art der

Selbstdarstellung. Das Netz bietet vielfältige Gelegenheiten für unterschiedliche Weisen, mit – an diesen Kriterien gemessener – Wahrheit umzugehen. Menschen posten und finden im Netz eine Unmenge von «Fakten» und ebenso eine Unmenge von authentischen Ausdrucksformen für ihre Identität und ihre Überzeugungen. Der vielfältige Markt von Influencern zielt besonders stark darauf, Menschen durch Authentizität zu gewinnen. Sympathiewerte und Überzeugungskraft, die Zugehörigkeit zu einer Minderheit oder eine individuelle Lebensgeschichte bilden Brücken zu der Person, über die dann auch die Werbebotschaft transportiert wird. Zur – verbotenen – Schleichwerbung ist es oft nur ein kleiner Schritt.

Durch das Phänomen der Influencer erreicht der personale Charakter der Wahrheit den digitalen Raum auf besonders markante Weise. Die Sehnsucht der Menschen nach Authentizität erreicht das Netz. Allerdings wird diese Sehnsucht häufig instrumentalisiert. Wer seine Authentizität in einer Weise zur Darstellung bringt, in der er den anderen Menschen nur als Mittel für eigene Zwecke oder als Objekt von Werbebemühungen verwendet, verstößt gegen den Gedanken der Unverletzlichkeit und Sakralität der Menschheit in jeder einzelnen Person.

Im christlichen Glauben verbindet sich dieser Gedanke der gleichen Würde jedes Menschen als Kern eines universalistischen Ethos mit dem Bezug auf eine Gotteswirklichkeit, die die Reichweite des Menschen übersteigt. Diese Verbindung bildet das Zentrum der Auffassung vom Menschen, der nach Gottes Bild geschaffen wurde. Dieses Bild Gottes wird gemäß dem christlichen Bekenntnis sichtbar in Christus als dem inkarnierten, gekreuzigten und auferweckten Sohn Gottes. In ihm gibt sich Gott in der Welt zu erkennen; das eröffnet die Möglichkeit, jeden Menschen in seiner Relation zu Gott zu verstehen. Diese Relation öffnet die Augen für die Unverletzlichkeit und Sakralität der Menschheit in jeder einzelnen Person.

Selbstverständlich entwickeln Menschen instrumentelle Beziehungen zu Dingen in der Welt und auch zu anderen Personen. Gott steht für eine Beziehung zur Realität, die diese instrumentelle Beziehung transzendiert. Deshalb sprechen wir von Gottes Unverfügbarkeit und Heiligkeit. In Analogie dazu erkennen wir diese Dimension auch in unserer Beziehung zur Welt, zu anderen Menschen und zu uns selbst. Der Soziologe Hartmut Rosa hebt hervor, dass unser Interesse, eine Beziehung zu der Welt zu entwickeln, in der wir leben, noch nicht ans Ziel gekommen ist, solange wir nur darauf aus sind, über Dinge und Menschen Macht zu gewinnen. Der grundlegende Modus der menschlichen Weltbeziehung besteht vielmehr in der Resonanz oder der wechselseitigen Responsivität mit Menschen wie Dingen (Rosa 2016, 2019). Diese Resonanz schließt Rosa zufolge vier zentrale Elemente ein:

Das *erste* Element besteht darin, von Personen, Landschaften, Melodien oder Ideen berührt oder affiziert zu sein. Damit haben wir zu diesen Personen oder Dingen nicht mehr nur ein instrumentelles Verhältnis. Vielmehr bewegen sie uns innerlich und rufen unsere Reaktion hervor. Unsere Antwort bildet deshalb das *zweite* Element. Nicht nur um ein Echo geht es, sondern um eine Antwort, die Ausdruck unserer Selbstwirksamkeit ist. Ich fühle, dass meine Antwort mit mir als Person zu tun hat. Sie schließt nicht nur verbale, sondern auch körperliche Reaktionen ein, beispielsweise Lachen oder Weinen. Ich bin selbst ein Teil der Relation zu anderen wie zu mir selbst, zur Welt wie zu Gott. Resonanz ist mit Hören ebenso verbunden wie mit dem Gehörtwerden. Rosa nennt das *dritte* Element Transformation. Sie kann sich auf vielfältige Weise vollziehen. Zu ihr gehören Erfahrungen, von denen wir sagen, wir seien durch sie «ein anderer Mensch geworden», ebenso wie vorübergehende Veränderungen. Durch solchen Wandel in all seinen Schattierungen erfahren wir etwas von der eigenen Lebendigkeit. Das Gefühl, zur

Resonanz nicht fähig zu sein, zum Beispiel in Perioden der Depression, kann deshalb zu Situationen führen, in denen wir uns als kalt oder sogar als tot empfinden, weil wir unfähig sind, zur Welt um uns herum – und sogar zu uns selbst – in Beziehung zu treten. Das *vierte* Element hat mit solchen zutiefst unglücklichen Erfahrungen scheiternder Resonanz zu tun. Es bezieht sich aber zugleich auf die glücklichen Erfahrungen gelingender Resonanz. In der einen wie in der anderen Form erleben wir, dass wir die Schritte des Affiziertseins, der Selbstwirksamkeit und der Transformation niemals vollständig in der Hand haben. Erforderlich ist vielmehr die Offenheit für die Kontingenz oder Unverfügbarkeit, die der Resonanz eignet.

Diese soziologischen Überlegungen zur Resonanz korrespondieren mit einem theologischen Verständnis für die Relationalität des menschlichen Lebens. Ein theologisches Konzept menschlicher Relationalität beschränkt sich nicht auf die Intersubjektivität (verstanden als die Bezogenheit von menschlichen Personen aufeinander), sondern schließt die Beziehung zur Welt ebenso ein wie die Erfahrung der Transzendenz. Ein neuer Zugang zur Relationalität des menschlichen Personseins, aber auch zu einer damit verbundenen Reziprozität des Wahrheitsbewusstseins ist an der Zeit. Leibhafte Begegnung und der wechselseitige Austausch zwischen Personen, kurz: analoge Kommunikation bleibt eine unersetzliche Bedingung für die Entwicklung von Wahrheitsfähigkeit und damit auch für den Umgang mit digitalen Medien. In analoger Kommunikation müssen die Maßstäbe für digitale Kommunikation entwickelt werden, nicht umgekehrt. Den Ausgangspunkt müsste die Regel bilden, über andere Menschen auch im Netz so zu sprechen, wie man in angemessener Weise in ihrer leibhaftigen Präsenz sprechen würde. Im Netz sollten wir über andere und uns selbst, über die Welt und über Gott nichts sagen, was in direkter Kommunikation nicht zu rechtfertigen wäre.

5. DIE ZUKUNFT DER ARBEIT

Industrielle Revolutionen

Von der Industrie 4.0 über die Arbeit 4.0 ist eine beliebte Zahlensymbolik inzwischen bis zur Ethik vorgedrungen: Eine Ethik 4.0 wird gefordert. Dass sich angesichts des Wandels von Industrie und Arbeitswelt auch die Ethik verändern muss, ist eine verbreitete Vorstellung.

Mit der Bezeichnung der heute anstehenden Veränderungen als «4.0» wird auf drei Schübe technologischer Veränderungen zurückverwiesen, die auch als industrielle Revolutionen bezeichnet werden: die Mechanisierung durch Wasser- und Dampfkraft seit dem Ende des achtzehnten Jahrhunderts, die durch elektrischen Strom und Fließbänder gestützte Massenfertigung seit dem späten neunzehnten Jahrhundert sowie die Rationalisierung durch den Einsatz von Informationstechnologie seit den siebziger Jahren des zwanzigsten Jahrhunderts. Diese drei Entwicklungsschritte sollen durch eine noch weitergehende Revolution, nämlich die Digitalisierung überboten werden. Im deutschen Sprachraum wurde zur Förderung dieses Vorhabens im Jahr 2012 der «Aktionsplan Industrie 4.0» von der Bundesregierung unter Federführung des Bundesforschungsministeriums gemeinsam mit der Deutschen Akademie der Technikwissenschaften (acatech) proklamiert. Daran anknüpfend schlossen sich mehrere Industrieverbände zur «Plattform Industrie 4.0» zusammen (Kagermann u.a. 2013: 80f.; Meireis 2017: 222).

Für diese vierte technologische Revolution ist die unbegrenzt erscheinende Speicherung von Daten (Big Data), die vom Menschen unabhängige Verknüpfung von Informationsprozessen (Internet der Dinge), die mühelos erscheinende Individualisierung von Produktionsprozessen (die sogenannte Losgröße 1), die weltweite Kommunikation (Internet) und die Möglichkeit charakteristisch, menschliche Tätigkeiten mit Hilfe von Robotik und digitaler Intelligenz zu substituieren.

Jede der industriellen Revolutionen hat gegensätzliche Reaktionen ausgelöst. Die Debatte um Industrie und Arbeitswelt ist exemplarisch für das polarisierte Denken zwischen Euphorie und Apokalypse, das sich häufig mit disruptiven technologischen Innovationen verbindet. Während die einen vom Neuen das Perfekte erwarten, türmen sich für die anderen die Gefahren immer höher auf.

Mit allen industriellen Revolutionen verband sich die Sorge, sie würden den gesellschaftlichen Gegensatz zwischen Gewinnern und Verlierern verschärfen. Klassische Formen zur Beschreibung solcher Polarisierungen waren die Entgegensetzung von Kapital und Arbeit, die Gegenüberstellung von Rationalisierungsgewinnern und Rationalisierungsverlierern oder die These von dem sich unaufhörlich steigernden Gegensatz von Reichtum und Armut. Mit allen technischen Innovationen verband sich die Befürchtung, die Automatisierung der Güterproduktion würde menschliche Arbeitskraft überflüssig machen, wodurch den Menschen die Arbeit ausgehen werde.

Das Ende der Arbeitsgesellschaft wurde häufig proklamiert. Immer wieder wurde eine Grundfinanzierung für die menschliche Lebensführung gesucht, die von der individuellen Arbeitsleistung unabhängig sein sollte. Lange Zeit meinte man, es reiche aus, eine subsidiäre Finanzierung für diejenigen zu organisieren, die auf Zeit oder auf Dauer von Arbeitslosigkeit bedroht oder betroffen waren. Weiter reichende Überlegungen zielten und zielen darauf, die Grundfinanzierung menschlichen

Lebens von der Erwerbsarbeit zu entkoppeln. Dafür wurde die Einführung eines bedingungslosen Grundeinkommens vorgeschlagen. Bedingungslos heißt dabei, dass es weder an die Arbeitsleistung noch an Arbeitslosigkeit oder Bedürftigkeit gebunden sein sollte. Wenn ein solches Grundeinkommen den Bezieherinnen und Beziehern einen ausreichenden Lebensstandard ermöglicht, gerät die Erwerbsarbeit in die Rolle einer zusätzlichen Beschäftigung, die für ein auskömmliches Leben nicht notwendig ist. Der Wandel der Arbeitswelt durch die Digitalisierung hat solche Vorstellungen kräftig belebt.

Karl Marx' Vision, dass Freiheit erst dann vollständig erblühen werde, wenn sie von aller Notwendigkeit befreit ist, verband sich immer wieder mit der Vorstellung, die Menschheit könne eines Tages die Folgen des Sündenfalls hinter sich lassen, zu denen nach der biblischen Erzählung die Notwendigkeit gehört, sich «mit Mühsal» von der Arbeit der eigenen Hände zu ernähren und «im Schweiße seines Angesichts» sein Brot zu essen (1. Mose 3,17.19). Der achtundzwanzigjährige Marx entwickelte in seiner *Deutschen Ideologie* die gegenläufige Vision von einer «freien Tätigkeit», die darin bestehe, «heute dies, morgen jenes zu tun, morgens zu jagen, nachmittags zu fischen, abends Viehzucht zu treiben, nach dem Essen zu kritisieren, wie ich gerade Lust habe, ohne je Jäger, Fischer, Hirt oder Kritiker zu werden» (Marx 1969: 33). Der Schwiegersohn von Karl Marx, Paul Lafargue, sah im technischen Fortschritt eine Chance dafür, dem Recht auf Faulheit mehr Raum zu geben; drei Stunden Arbeit am Tag hielt er in den achtziger Jahren des neunzehnten Jahrhunderts, als eine tägliche Arbeitszeit von zwölf Stunden an sechs Tagen die Norm war, für ausreichend. Den Rest des Tages und der Nacht sollte das Proletariat nach seiner Auffassung «müßig gehen und flott leben» (Lafargue 1883). Im Marxismus haben sich die kühnen Ideen des jungen Marx und seines Schwiegersohns nicht durchgesetzt; denn dann hätte weder von der Arbeiterklasse noch von einem Arbeiter-und-Bauern-Staat die Rede sein können. In unseren Tagen hat Richard David Precht die Frage gestellt, ob die vom jungen Marx entwickelte Vision in unseren Tagen Wirklichkeit werden könne; sein wichtigster Einwand ist, dass für viele Bereiche des Lebens wie Bildung, Fürsorge und Kommunikation, wie Architektur, Hotellerie oder Körperpflege der persönliche Kontakt unentbehrlich ist (Precht 2018: 27 f.). Die Architektur hebt Precht vermutlich deshalb hervor, weil er das Entstehen eines Einfamilienhauses vor Augen hat, bei dessen Entwurf auf die individuellen Bedürfnisse der künftigen Bewohnerinnen und Bewohner Rücksicht genommen wird. Doch noch mehr Aufmerksamkeit verdienen andere Tätigkeitsfelder, die mutmaßlich auf lange Zeit bei den Menschen verbleiben. Denn wer erwartet, dass menschliche Arbeit tendenziell überflüssig wird, blendet oft aus, dass einerseits die Entwicklung und Steuerung «intelligenter» Maschinen personalintensiv ist und andererseits besonders schlecht bezahlte Arbeit – von der Pflege bis zur Textilproduktion – an den Rand der Gesellschaft oder in andere Länder ausgelagert wird.

Die Idee, dass die Arbeitsgesellschaft eines Tages an ein Ende kommen werde, hat auch unabhängig von der Freiheitsvision des jungen Marx Fuß gefasst. 1982 erläuterte der Soziologe und liberale Politiker Ralf Dahrendorf die Tendenz, dass technische Innovationen zur Erosion der Arbeitsgesellschaft führen, auf besonders anregende Weise. Auf dem Deutschen Soziologentag in Bamberg sprach er über die Folgen, die sich abzeichnen, wenn menschliche Arbeit durch technische Prozesse ersetzt werden kann. Doch er bestritt, dass es der technische Fortschritt als solcher sei, der Arbeitsplätze vernichte. Das Verhältnis sei eher umgekehrt: «Technische Neuerungen werden eingeführt, weil sie billiger sind; und sie sind nicht an sich billiger, sondern im Vergleich zur menschlichen Arbeit. Die sogenannte ‹strukturelle› oder ‹technologische› Arbeitslosigkeit ist genau genommen Arbeitslosigkeit auf Grund des Preisvorteils der Technik gegenüber der Arbeit; sie hat ihre Ursache nicht nur in der billiger werdenden Technik, sondern auch in der teurer werdenden Arbeit. Der Preis der Arbeit ist so hoch geworden, dass bestimmte Dinge überhaupt nicht mehr getan werden können, andere in technische Prozesse übersetzt werden. Die innere Dynamik der Arbeitsgesellschaft selbst führt dazu, dass ihr die Arbeit ausgeht.» (Dahrendorf 1983: 29)

Dieses Argument zeigt, warum ein bedingungsloses Grundeinkommen eine so hohe Anziehungskraft besitzt. Seit dem Jahr 2005 wurde es in Deutschland besonders nachdrücklich von dem wagemutigen Gründer und Besitzer der dm-Drogeriekette, dem 2022 verstorbenen Götz Werner, vertreten. Zehn Jahre später wurde das bedingungslose Grundeinkommen zum Mantra der Vorstandsvorsitzenden von personalintensiven Großkonzernen wie Deutsche Post, Deutsche Telekom, Daimler oder Siemens. Nicht die Unausweichlichkeit des technischen Fortschritts, sondern die willentlich herbeigeführte Substitution teurer menschlicher Arbeit durch billigere technische Abläufe erweist sich als der Kern solcher Vorschläge.

Vor diesem Hintergrund war es folgerichtig, die Konkurrenz zwischen Mensch und Technik zugunsten des Menschen zu beeinflussen, indem man versuchte, die menschliche Arbeit – mitsamt der Arbeitslosigkeit – billiger zu machen, damit sie jedenfalls noch für einige Zeit mit der Technik konkurrenzfähig bleibt. In Deutschland war die in den Jahren 2003 bis 2005 entwickelte und in der Folgezeit hoch umstrittene Agenda 2010 der Versuch, sozialpolitische und arbeitsmarktpolitische Instrumente zu schaffen, die der veränderten Situation gewachsen sein sollten. Doch die vierte industrielle Revolution kann, so erwarten viele, die Auswirkungen der drei vorhergehenden Revolutionen weit übertreffen, denn die Digitalisierung revolutioniert nicht nur die Produktionsweisen, sondern beeinflusst auch die Lebensverhältnisse insgesamt. Nicht nur Tätigkeiten werden substituiert, auch Wahrnehmungsweisen werden durch den zunehmenden Einsatz von digitaler Intelligenz und Big Data tiefgreifend verändert.

Arbeit 4.0

Die Formel «Arbeit 4.0» knüpft an die Parole «Industrie 4.0» an. Dabei geht es in erster Linie um die Auswirkungen der digitalen Revolution auf industrielle Fertigungsprozesse, also auf die Güterproduktion. Ebenso wichtig sind jedoch die Auswirkungen der Digitalisierung auf Dienstleistungen. Finanz- und Versicherungswirtschaft, öffentliche Verwaltung und Personalwesen sind auf digitale Verfahren angewiesen und treiben deren Nutzung immer weiter voran. Auch Dienstleistungen, die mit menschlicher Zuwendung und Pflege, mit Unterstützung und Beratung, mit Erziehung und Bildung zu tun haben, geraten in den Sog der Digitalisierung. Gerade für diese Bereiche wird die entscheidende Frage sein, wie man digitale Assistenzsysteme so einsetzen kann, dass dabei der Raum für menschliche Zuwendung gewahrt und wo nötig erweitert wird. Denn angesichts des demographischen Wandels sowie der weltweiten Migration und der mit ihr verbundenen Integrationsaufgaben wird der Bedarf an kompetenter menschlicher Beratung und Begleitung weiterhin wachsen. Der Dienstleistungsgesellschaft geht die Arbeit nicht aus – es sei denn, man technisiert sogar diejenigen Aufgaben, die mit der unmittelbaren Zuwendung zum Menschen zu tun haben. Debatten darüber, ob auch Roboter zur Empathie fähig sind, weisen in eine solche Richtung.

Gerade angesichts derartiger Entwicklungen muss geprüft werden, ob es Merkmale und Qualitäten menschlicher Arbeit gibt, die weder auf Computer noch auf Roboter übertragen werden können. Wird ein Computer, der Tag für Tag die gleiche Leistung erbringt, jemals verstehen, warum noch der beste Schachspieler einmal einen schlechten Tag erwischt? Wird er begreifen, warum eine Mannschaft der Fußball-Bundesliga in der einen Woche auswärts gegen einen starken Gegner gewinnt, um wenige Tage später zu Hause gegen einen wesentlich schwächer eingestuften Gegner zu verlieren? Die Vielschichtigkeit menschlichen Handelns erschließt sich erst dann, wenn die Verletzlichkeit und Bedürftigkeit, die Endlichkeit und Irrtumsfähigkeit der Menschen wahrgenommen wird. Dabei handelt es sich nicht nur um individuelle Befindlichkeiten, denn die Humanität einer Gesellschaft zeigt sich daran, wie sie mit der Verletzlichkeit, aber auch der Förderungsbedürftigkeit von Menschen umgeht. Aus einer solchen Perspektive geht es bei menschlicher Arbeit nicht nur um produktive oder reproduktive Perfektion. In ihr geht es auch um den rücksichtsvollen Umgang mit Misslingen, um die Teilnahme an menschlichem Glück, um das Ausschöpfen gegebener Möglichkeiten ebenso wie um den Beistand dort, wo Menschen mit den Grenzen ihrer Möglichkeiten nicht zurechtkommen.

Der US-amerikanische Psychologe Barry Schwartz hat 2018 bei einer Brüsseler Konferenz der *European Group on Ethics in Science and New Technologies* für die Neugewichtung menschlicher Tätigkeiten im digitalen Zeitalter eine einfache Formel geprägt: «Hands and heads are less important, hearts become more important» – Hände und Köpfe werden weniger wichtig, Herzen werden wichtiger. Diese Akzentverschiebung ist bisher politisch und gesellschaftlich nicht zureichend wahrgenommen worden. Die geringe gesellschaftliche Wertschätzung für Pflegeberufe ist dafür ein deutliches Beispiel. Auf dramatische Weise wirkt sie sich im Mangel an Pflegekräften, in der Überforderung des Pflegepersonals und in der Unzufriedenheit mit den beruflichen Rahmenbedingungen aus.

Der Einsatz digitaler Instrumente kann gewiss zur Erleichterung von Pflegearbeit beitragen. Damit verbindet sich jedoch die Gefahr, dass die Pflegetakte weiter verkürzt werden. Menschliche Zuwendung würde dadurch noch weiter ausgehöhlt. Wenn Pflegerinnen und Pflegern das beschwerliche Umbetten durch einen Roboter abgenommen wird, bleibt die persönliche Zuwendung zu pflegebedürftigen Mitmenschen gleichwohl unentbehrlich. Auch wenn die Registrierung von Blutwerten oder Fieberkurven von Geräten ohne menschliches Zutun erledigt wird, müssen die Ergebnisse in ihrer Bedeutung mit der betroffenen Person besprochen werden. An menschlicher Empathie führt kein überzeugender Weg vorbei. Die derzeit um sich greifende Angst, die Menschen würden überflüssig, weil Computer und Roboter alles besser könnten, unterschätzt den Menschen, macht ihn zu einem Wesen, das nur Kopf, also Computer, und Hand, also Roboter, zur Verfügung hat; eine solche Betrachtungsweise übersieht, dass der Mensch ein Herz hat, das ihm hilft, mit der eigenen Endlichkeit wie mit der Endlichkeit der Mitmenschen umzugehen. Joseph Weizenbaums schon 1977 geäußerte Befürchtung, dass das Bild vom Menschen der Logik der Maschine unterworfen wird, gewinnt neue Aktualität.

Wenn von Arbeit die Rede ist, tritt in der Regel nur die Erwerbsarbeit in den Blick. Doch auch unter den Bedingungen der modernen Industriegesellschaft umfasst Arbeit weit mehr. Merkwürdigerweise wird selten darauf Bezug genommen, dass der Erwerbsarbeit eine andere Art von Arbeit vorausgeht, nämlich die Bildungsarbeit. Es ist nur durch die Engführung auf die bezahlte Erwerbsarbeit zu erklären, dass die Tätigkeit von Lehrkräften selbstverständlich als Arbeit angesehen wird, die Tätigkeit von Schülerinnen oder Auszubildenden hingegen nicht.

Zwei weitere Bereiche müssen darüber hinaus genannt werden: Zunächst die Familien- und Eigenarbeit. Wer das Glück hat, Familien mit kleinen oder heranwachsenden Kindern zu erleben, der weiß, dass Familienarbeit eine anstrengende – immer wieder beglückende – Form menschlicher Arbeit ist. Das Leben von Singles zeigt, dass die Eigenarbeit in der Sorge für den täglichen Bedarf oder der Führung eines eigenen Haushalts ebenfalls eine unentbehrliche und durchaus anspruchsvolle Form der Arbeit darstellt.

Sodann sind die vielfältigen Formen ehrenamtlichen Engagements zu bedenken. In Flüchtlingsinitiativen oder Klimaschutzaktivitäten, in Kirchengemeinden oder politischen Parteien, in Sportvereinen oder Chören sowie in vielen anderen Bereichen zeigt sich beispielhaft die große Bedeutung von ehrenamtlichem Engagement und zivilgesellschaftlicher Initiative. Bildungs- und Erwerbsarbeit, Eigen- und Familienarbeit sowie ehrenamtlicher Einsatz für gemeinwohlorientierte oder gruppenbezogene Ziele sind Dimensionen menschlicher Arbeit, die grundsätzlich als gleichberechtigt anzuerkennen sind.

Das Wort «Beruf», das in unserer Sprache mit dem Wort Arbeit unmittelbar verbunden ist, umfasste ursprünglich all diese Dimensionen. Als Martin Luther den Begriff des Berufs prägte und mit der biblischen These verband, jeder solle der Berufung treu bleiben, zu der Gott ihn berufen habe (1. Korinther 7,20), hatte er all diese unterschiedlichen Dimensionen menschlicher Arbeit im Blick: die Erwerbsarbeit von Knechten, Mägden und ihren Herren; die Familienarbeit von Frauen, Großeltern und anderen Verwandten; die ehrenamtliche Arbeit von Ratsherren, Schreibern, Diakonen und all denen, die ihren Mitmenschen zur Seite stehen. Manche Berufsbilder gehören heute der Vergangenheit an. Dass es dank der Technisierung in der Landwirtschaft keine Schnitter und Drescher mehr gibt, ist nicht zu beklagen. Geschlechtsspezifische Zuweisungen von Tätigkeiten sind überholt, wenn auch noch keineswegs überwunden. Arbeit in der Vielfalt ihrer Formen hat einen guten Sinn: Menschen bejahen durch ihre Arbeit ihr eigenes Leben wie das Leben ihrer

Mitmenschen. Doch zugleich ist Arbeit mit Mühsal, Fremdbestimmung und Misslingen verbunden. Die Geschichte der
Arbeit ist nicht zuletzt eine Geschichte von Entfremdung und
verweigerter Selbstbestimmung.

Zwischen diesen beiden Seiten besteht aus ethischer Perspektive keine Symmetrie. Vor dem Hintergrund der reformatorischen Berufskonzeption hat sich das neuzeitliche Versprechen
«guter Arbeit» entwickelt, zu dem insbesondere Anerkennung,
materielle Teilhabe, politische Partizipation und gutes Leben gehören (Meireis 2008; 2017: 223). Aus dieser Sicht kommt es
nicht nur darauf an, ein materielles Auskommen zu haben; vielmehr geht es um eine tätige Bejahung des eigenen Lebens, die
sich mit einem Sinn dafür verbindet, was das eigene Handeln
für das Wohl der Mitmenschen bedeutet.

Worin bestehen die Auswirkungen der Digitalisierung auf
die – in einem derart umfassenden Sinn verstandene – Arbeit
der Menschen? Sie betreffen keineswegs nur die Erwerbsarbeit
und lassen sich erst recht nicht auf den Bereich der Güterproduktion beschränken, auch wenn einschlägige Studien diesen
Eindruck erwecken. Auf typische Tätigkeiten von Pfarrerinnen
und Pfarrern etwa – von Besprechungen und Seelsorge-
gesprächen über Unterricht und Verwaltungsaufgaben bis zur
Vorbereitung und Durchführung von Gottesdiensten – hat die
Digitalisierung nach Auskunft solcher Studien keinerlei Auswirkungen. Die Substituierbarkeitsrate menschlicher Tätigkeiten durch Roboter beträgt in diesem Bereich null. Doch auch
ohne einen Segen zusprechenden Roboter, wie er in Wittenberg
im Rahmen des Reformationsjubiläums 2017 aufgestellt wurde,
ist selbstverständlich die tägliche Arbeit von Theologinnen und
Theologen in hohem Maß durch die Nutzung digitaler Instrumente geprägt, von der Predigtvorbereitung über die Verwaltung bis zum pädagogischen Medieneinsatz. Sie ist jedoch nicht
durch digitale Instrumente substituierbar. Vielmehr ist sie ein

Beispiel dafür, dass berufliche Tätigkeiten auch bei einer Substituierbarkeitsrate null in hohem Maß digital beeinflusst und geprägt sind.

Zur Vollständigkeit des Bildes gehört, dass in vielen Fällen die Digitalisierung nicht nur zu einer Arbeitserleichterung, sondern zugleich zu einer Arbeitsverdichtung führt. Zusätzliche Belastungen ergeben sich durch hohe Erwartungen an die Erreichbarkeit von Mitarbeitenden. Die digital ermöglichte Arbeitszeit im Homeoffice, die durch die Corona-Pandemie seit 2020 sprunghaft angestiegen ist, wird die Arbeitsbedingungen langfristig prägen. In vielen Fällen wird dadurch die Vereinbarkeit von Familie und Beruf erleichtert. Doch die Abgrenzungen zwischen Erwerbsarbeit auf der einen, Familien- und Eigenarbeit auf der anderen Seite werden schwieriger – viele werden dies als zunehmende Belastung erleben. Zugleich werden die Gelegenheiten zur Abstimmung über die Interessenvertretung durch Betriebsräte und Gewerkschaften spärlich. Die Abgrenzung zwischen Erwerbstätigkeit und anderen Dimensionen menschlichen Lebens wird erneut zu einem wichtigen Thema. Durch Formeln wie «Work-Life-Balance» oder «Beruf und Freizeit» werden die Probleme keineswegs zureichend erfasst. Initiativen zu einer weiteren Verkürzung der regelmäßigen Erwerbsarbeitszeit werden sich auch nicht als Allheilmittel erweisen.

Solche Initiativen verknüpfen sich unter anderem mit der Frage nach der Verminderung der verfügbaren Arbeit durch technische Substitution. Die Studien aus dem Institut für Arbeitsmarkt- und Berufsforschung (IAB) der Bundesagentur für Arbeit, die regelmäßig zu diesem Thema vorgelegt werden, konzentrieren sich auf die Frage, wie hoch die Substituierbarkeit von menschlichen Tätigkeiten unter heutigen technischen Bedingungen ist, und heben dabei insbesondere diejenigen Berufe hervor, bei denen eine Substituierbarkeitsrate von mehr als 70 Prozent vorliegt oder erwartet wird (Dengler/Matthes 2015).

Von einer so hohen Rate sind nach diesen Studien deutschland-
weit rund 15 Prozent der Arbeitsplätze betroffen, die meisten
davon im Bereich der industriellen Fertigung. Problematisch ist
es allerdings, wenn Substituierungsraten auf den Arbeitsmarkt
insgesamt hochgerechnet werden, ohne dies mit der Frage zu
verbinden, welche Berufsbilder an Bedeutung zunehmen oder
neu entstehen werden. Lässt man diesen Aspekt außer Acht,
entsteht ein alarmierendes Bild, wie es beispielsweise in einer
Studie der Universität Oxford bereits im Jahr 2013 mit der
Behauptung gezeichnet wurde, dass 47 Prozent aller bestehen-
den Arbeitsplätze infolge des technischen Fortschritts wegfallen
werden (Frey/Osborne 2013; Jähnichen/Wiemeyer 2020: 82 f.).
Etwas realistischer ist wahrscheinlich eine Studie der Unterneh-
mensberatung McKinsey von 2018, die einen weltweiten Rückgang der Arbeitsplätze um 30 Prozent und damit um 800 Millionen Stellen prognostiziert (Lobo 2020: 225). Ebenso wichtig
wie die Quantität der Arbeitsplätze ist aber die Frage nach ihrer
Qualität: Viele Fachleute erwarten eine Polarisierung zwischen
hochrangiger Expertise und einfachen Tätigkeiten. Dagegen
wird ein mittlerer Bereich gut ausgebildeter Beschäftigter – zum
Beispiel im Finanz- und Verwaltungsbereich – in dem Umfang
nicht mehr nötig sein, in dem es sich um repetitive Aufgaben
handelt oder die auf den Einzelfall bezogene Bearbeitung von
einem Algorithmus übernommen werden kann. Während frü-
here technische Rationalisierungsschübe Handarbeit ersetzt haben, sind von der Digitalisierung zunehmend Verwaltungstätig-
keiten betroffen.

Digital gesteuerte Maschinen und Prozesse werden vorrangig
dort zum Einsatz kommen, wo damit Kostensenkungen erreicht
werden. Dies kann in bestimmten Fällen zu einem entwicklungs-
politisch unerwünschten Rückgang von zuvor ausgelagerten
Arbeitsplätzen im globalen Süden führen (Jähnichen/Wiemeyer
2020: 228). Überall, wo Industrieroboter eingesetzt werden

können, werden sich solche Tendenzen verstärken. In der Logistik, in einfachen Büro- und Vertriebsarbeiten, in Finanz- und Versicherungsdienstleistungen, in wiederkehrenden Verwaltungsprozessen oder routinemäßigen rechtlichen Prozeduren wird die Digitalisierung gleichfalls massive Auswirkungen haben. In all diesen Bereichen bedürfen allerdings die eingesetzten Algorithmen der kritischen Überprüfung, vor allem in Bereichen, in denen sie Entscheidungen über Personen treffen sollen. Verdeckt können sich bei der Programmierung Vorurteile niederschlagen und durch das «Selbstlernen» der Algorithmen sogar noch potenzieren. Ein solcher *bias* geht ursprünglich auf ein menschliches Vorurteil zurück, das nun aber unerkannt in einen Algorithmus eingebaut ist. Im Rahmen der Programmierung kommt es zu einer impliziten Vorurteilstendenz, die auf die Entscheidungen einen verborgenen, aber gleichwohl maßgeblichen Einfluss ausüben kann. Besonders gefährlich ist die in einem Algorithmus enthaltene Einseitigkeit dann, wenn solche Algorithmen bei Entscheidungen über die Priorisierung im Gesundheitswesen oder bei Gerichtsentscheidungen verwendet werden. So hilfreich der Einsatz digitaler Intelligenz zur Sichtung und Ordnung großer Dokumentenmengen in umfangreichen Rechtsauseinandersetzungen sein mag, so problematisch können entscheidungsvorbereitende Algorithmen sein, in denen unerkannt schichtenorientierte, herkunftsbezogene oder geschlechtsspezifische Vorurteile enthalten sind. Ethisch betrachtet, muss der Einsatz digitaler Mittel in Zusammenhängen, die für die betroffenen Menschen von erheblicher Bedeutung sind, durch zuständige Personen überprüft werden. Rechtsprechung, Personalangelegenheiten und Fragen von Gesundheit und Krankheit bilden hierfür wichtige Beispiele.

Soweit es Erwägungen dazu gibt, digitale Instrumente für die Entscheidung derartiger Fragen einzusetzen, ist die Tendenz absehbar, dass dabei ein utilitaristisches Muster vorherrschend sein wird. Das größtmögliche Glück der größtmöglichen Zahl, an dem utilitaristische Ethik sich in der Regel orientiert, lässt sich eher quantifizieren als die Orientierung an Tugenden oder Werten. Ohne Zweifel kommt ein Algorithmus in Schwierigkeiten, wenn er mit der Maßgabe konfrontiert wird, dass um der gleichen Würde jedes Menschen willen Menschenleben nicht gegeneinander aufgewogen werden dürfen.

Diese Beispiele zeigen, dass die Letztentscheidung in solchen Fragen in der Verantwortung von Menschen liegt und nicht auf Maschinen übertragen werden kann. Dies gilt nicht nur für die Bearbeitung von Rechtsfragen mit Hilfe von Algorithmen. Es gilt ebenfalls für automatisierte Verkehrsmittel oder für automatisierte Waffen. Auch darüber hinaus gibt es Bereiche, für die eine direkte menschliche Beziehung unentbehrlich bleibt. Das gilt beispielsweise für Kindererziehung und Schule, für ärztliche Betreuung und Pflege.

Mindestens so wichtig wie die Einschätzung, welche Tätigkeiten und gegebenenfalls auch welche Berufe durch die technologische Entwicklung wegfallen werden, ist die Veränderung der Berufe, die bleiben, sowie die Entstehung neuer Berufe. Eine besonders folgenreiche Veränderung der Arbeitswelt vollzieht sich durch die «zunehmende und permanente Verknüpfung von immer mehr Arbeitsplätzen mit Rechnern, die wiederum über das Internet mit einer Vielzahl anderer Rechner vernetzt sind» (Jähnichen/Wiemeyer 2020: 81). Diese Vernetzung ist einerseits mit einer in hohem Maß permanenten Erreichbarkeit sowie andererseits mit der Bereitschaft verbunden, sich bei der konzentrierten Arbeit durch Kommunikationen unterbrechen zu lassen. Diese beiden Charakteristika vernetzter Arbeit führen in paradoxer Gleichzeitigkeit zu einer Verdichtung und zu einer Fragmentierung der Arbeitsabläufe. Die Erleichterung der einzelnen Arbeitsschritte führt keineswegs zu dem Gefühl, dass die Arbeit insgesamt leichter wird.

Wahrscheinlich wird sich menschliche Arbeit in Zukunft in erheblichem Umfang von der Fertigung von Gütern oder der Bereitstellung von Dienstleistungen auf die Organisation derartiger Vernetzungsprozesse verlagern. Solche Veränderungen müssen im Blick sein, wenn nach Berufen der Zukunft gefragt wird, die an die Stelle von Berufen mit einer hohen Substituierungsrate treten können. Die Momentaufnahmen, mit denen gegenwärtig gearbeitet wird, beleuchten diese Frage noch nicht in zureichendem Maß. Genauso wichtig wie die vorausschauende Exploration neuer Berufsfelder ist die Aufmerksamkeit für die Veränderung von Beschäftigungsformen. Dabei verdienen insbesondere neue Formen von Arbeit verstärkte Aufmerksamkeit, die durch starke Tendenzen zur Selbstausbeutung geprägt sind, wie sie insbesondere mit Plattformarbeit *(crowd employment)* und IT-gestützter mobiler Arbeit verbunden sind. Auch das Sozialversicherungssystem wird sich im Blick auf solche Tendenzen weiterentwickeln müssen.

Nicht so sehr die Substitution, sondern die Verlagerung von Arbeit gehört zu den einschneidenden Folgen der Corona-Pandemie seit 2020. Sie hat zu vielfältigen Formen des Übergangs zum Homeoffice und zur Verlagerung von Präsenz-Sitzungen in Video-Konferenzen geführt. Euphorisch wird der damit verbundene Digitalisierungsschub sogar als «digitale Revolution» bezeichnet (Lobo 2020: 393 ff.). Technisch wären Homeoffice und Video-Konferenzen auch vor Beginn der Pandemie möglich gewesen. Für die Zukunft sind weitergehende Diversifizierungen der Arbeitsformen und ihrer Koordination zu erwarten. Sie sind technisch möglich; aber sie müssen bewusst geplant und verantwortlich gestaltet werden. Eigenverantwortung und Transparenz, verlässliche Koordination und rechtzeitige Reaktion auf Fehler werden zu den wichtigsten Aufgaben gehören.

Ethik 4.0

Die neuere Wirtschaftsethik neigt dazu, Ethik und Ökonomik als zwei Seiten derselben Medaille anzusehen. Auch ethisches Handeln wird aus dieser Perspektive am Eigennutz orientiert. Es kann wie wirtschaftliches Handeln insgesamt durch Anreize und Boni, sogenannte Incentives, gesteuert werden. Diese Betrachtungsweise hat ihre Stärke darin, dass sie Wirtschaft nicht als einen moralisch indifferenten Bereich betrachtet, der von außen ethisch beurteilt wird. Sie entwickelt vielmehr eigene Verhaltensregeln, die häufig unter dem Begriff der Compliance zusammengefasst werden. Die Befolgung der Compliance-Regeln wird durch Incentives befördert; ihre Missachtung wird sanktioniert. Zur Wirtschaft gehört zugleich eine weiter reichende ethische Motivation: Sie stellt Güter und Dienstleistungen bereit, die für das menschliche Leben wichtig sind, und ermöglicht den Zugang zu Arbeitsplätzen, die nicht nur zum Lebensunterhalt, sondern auch zu einem sinnerfüllten menschlichen Leben beitragen. Ein solcher Zugang zum Verständnis der Wirtschaft zielt darauf, dass «Wirtschaft für den Menschen» da ist (Sen 2000). Demgegenüber wurde in der jüngeren Vergangenheit immer häufiger das ökonomische Interesse der Anteilseigner, der Shareholder-Value, in den Vordergrund gestellt. Vor diesem Hintergrund erscheint das Prinzip einer Wirtschaft für den Menschen als eine neue Ethik.

Eine solche Ethik wird zugleich «alte Werte» zu Grunde legen. Das zeigt sich exemplarisch an der Aufgabe, zur Orientierung in einer Zeit disruptiver technologischer Veränderungen beizutragen. Diese Verbindung von neuen Herausforderungen und alten Werten lässt sich an einem von Jakob Augstein herausgegebenen Sammelband mit dem Titel *Reclaim Autonomy* verdeutlichen. Die entscheidende Frage, die dieser Band aufwirft, lautet, ob wir auch in der jetzigen Phase des Maschinenzeitalters an der Freiheit des Menschen festhalten oder ob wir uns einer Paradoxie ausliefern, die Jakob Augstein kurz und prägnant so formuliert: «Wenn der Mensch gegen die Maschine steht, entscheidet sich der Mensch für die Maschine» (Augstein 2017: 12). Ob wir der Maschine die Herrschaft über unser Leben übertragen oder ob wir auch fortgeschrittene, ja sogar selbstlernende Maschinen als Assistenzsysteme für den Menschen betrachten, ist eine der entscheidenden Fragen unserer Zeit. Dass der Mensch in seiner Endlichkeit und Fehlbarkeit dennoch Herr der vermeintlich fehlerfreien – dem Menschen im Blick auf Hand und Hirn vielfach überlegenen – Maschinen bleibt beziehungsweise neu wird, ist die große Aufgabe, vor der wir stehen.

Konkurrenz und das Streben nach Überlegenheit sind nicht die einzigen Motive menschlichen Handelns, denn darin erschöpft sich die Identität eines Menschen nicht. Selbstsein ist mehr als Selbstbezüglichkeit. Empathie, Liebe und Fürsorge für andere Menschen sind in unserem Menschsein angelegt und warten auf Entfaltung. Als isolierte, selbstbezogene Individuen werden wir die Herausforderungen der Digitalisierung nicht bewältigen, es sei denn, wir finden uns mit der Spaltung der Menschheit ab, die Yuval Noah Harari in seiner *Geschichte von Morgen* vor Augen führt. Er malt in seinen später noch ausführlicher zu erörternden Überlegungen aus, dass ein Teil der Menschheit durch die Verschmelzung von natürlicher und digitaler Intelligenz eine neue Stufe in der Geschichte der Gattung Mensch erreicht, die er als «Homo deus» bezeichnet (vgl. Kapitel 8). Diejenigen, die diese Stufe nicht erreichen, spielen nicht mehr mit. Es wäre auch vergeblich, so meint der israelische Historiker, wenn man versuchen wollte, sie durch Bildungsmaßnahmen oder dergleichen bei der Stange zu halten. Die dafür aufgewandten Mittel wären unnütz vergeudet.

Demgegenüber bietet die Orientierung an der gleichen Würde jedes Menschen einen anderen Ansatzpunkt. Mit ihr verbindet sich die Aufgabe, einen disruptiven technologischen Wandel nicht zur Disruption des Menschenbilds und des gesellschaftlichen Zusammenhalts werden zu lassen. Deshalb gewinnt die Aufgabe erneut eine zentrale Bedeutung, Menschen so auf die Zukunft vorzubereiten, dass sie den bevorstehenden Transformationen gewachsen sind. Das geschieht durch Bildung. Sie ist das wichtigste Gegenmittel gegen die Zweiteilung der Gesellschaft, wie sie in Hararis Zukunftsvision beschrieben wird.

Auch für die Zukunft gilt ein berühmtes Wort, das von Martin Luther genauso verwendet wurde wie von Papst Johannes Paul II.: «Die Arbeit gehört zum Menschen wie zum Vogel das Fliegen.» Damit ist nicht nur die Erwerbsarbeit gemeint, sondern die Grundformen der Arbeit als Familien- und Eigenarbeit, als zivilgesellschaftliche und ehrenamtliche Arbeit, aber auch als Bildungs- und Erwerbsarbeit treten gleichberechtigt in den Blick, wenn wir der Arbeit für das Selbstverständnis des Menschen eine so grundlegende Bedeutung zusprechen. Sie hat darin ihren Grund, dass es zum Wesen des Menschen gehört, sein geschöpfliches Dasein tätig zu bejahen. Mit neuen technischen Möglichkeiten erhöhen sich die Freiheitsgrade im Umgang mit gegebenen Arbeitsformen ebenso, wie sich das Verhältnis von Arbeit und Muße, von beruflicher Beanspruchung und Freizeit neu gestalten lässt. Die Übertragung von Tätigkeiten auf Maschinen mag dazu beitragen, dass Teile des menschlichen Lebensunterhalts anders als durch Erwerbsarbeit finanziert werden. Doch niemand soll von der Möglichkeit ausgeschlossen werden, sein Dasein tätig zu bejahen, sich in der Wahrnehmung von Verantwortung zu üben und diese Verantwortung zu praktizieren. Die Gesellschaft im Ganzen, die Wirtschaft und ihre Akteure sowie die Politik dürfen sich nicht der Pflicht entziehen, im Zeitalter der digitalen Transformation für diese Form, von der menschlichen Freiheit Gebrauch zu machen, genügend Raum zu bewahren und neu zu schaffen. Weitsichtige Bildungsmaßnahmen, die Entwicklung neuer Berufsfelder und eine nachhaltige Arbeitsmarktpolitik sind dafür unentbehrlich. Keiner kann sich dieser Verpflichtung durch die Vertröstung auf ein bedingungsloses Grundeinkommen entziehen.

6. DIGITALE INTELLIGENZ

Können Computer dichten?

Im Februar 2020, unmittelbar vor dem Ausbruch der Covid-19-Pandemie, folgte Daniel Kehlmann einer Einladung nach Palo Alto im Silicon Valley. Der deutsch-österreichische Schriftsteller reiste auf Einladung von Open Austria, dem österreichischen Verbindungsbüro im Silicon Valley. Es ging um ein Experiment: Können ein Schriftsteller und ein Sprachalgorithmus gemeinsam eine Kurzgeschichte schreiben, die es verdient, als Literatur veröffentlicht zu werden?

Natürlich lässt sich nicht ausschließen, dass der Schriftsteller Daniel Kehlmann sich diese Konstellation ausgedacht hat und im Stil eines Erfahrungsberichts eine erfundene Geschichte über die Unmöglichkeit erzählt, zusammen mit einem Algorithmus etwas zu schreiben, was als Literatur anerkannt werden kann. Doch Open Austria gibt es wirklich. Das spricht ebenso für den nichtfiktionalen Charakter von Kehlmanns Text wie die Tatsache, dass der Autor auf schriftstellerische Ausschmückungen konsequent verzichtet. Man braucht seinen Bericht nur mit Ian McEwans Roman *Maschinen wie ich* zu vergleichen, um den Unterschied zwischen einer literarischen Fiktion und einem realen Experiment zu erkennen. McEwan erzählt, wie sein Romanheld Charlie das aus einer Erbschaft verfügbare Geld einsetzt, um einen Prototyp des künstlichen Menschen zu erwerben. Fünfundzwanzig von ihnen wurden produziert und für 86 000 britische Pfund pro Exemplar auf den Markt gebracht, zwölf Adams und dreizehn Evas. Charlie entscheidet sich für einen Adam, mit der unbeabsichtigten Folge, dass es zwischen Miranda, zunächst bloß Nachbarin, bald darauf Freundin von Charlie, und dem künstlichen Menschen zum Austausch von Zärtlichkeiten kommt. Dass Adam einem Menschen ähnelt, wird als Erstes daran deutlich, dass er ein Eifersuchtsdrama auszulösen vermag.

Selbst wenn wir davon ausgehen, dass es sich bei Kehlmanns Bericht um ein tatsächliches und nicht wie bei McEwan um ein erfundenes Experiment handelt, trägt die Einladung von Open Austria in das Silicon Valley gleichwohl phantastische Züge. Bei Licht betrachtet, war das Vorhaben von Anfang an zum Scheitern verurteilt. Denn dass ein Sprachalgorithmus und ein Mensch partnerschaftlich eine Kurzgeschichte schreiben, setzt voraus, dass der Sprachalgorithmus in einer Weise formulieren kann, wie sie auch von einem schriftstellerisch begabten Menschen zu erwarten ist. Wenn man den Algorithmus und einen Menschen formulieren ließe, ohne über die jeweilige Urheberschaft informiert zu sein, könnte man dem Text nicht entnehmen, welche Teile von einem Menschen und welche von einer Maschine formuliert wurden. Ein derartiger Ausgang des Experiments wäre mit Alan Turings berühmtem, im Jahr 1950 zur Diskussion gestellten Test zu vergleichen, bei dem bestimmte Fragen unabhängig voneinander von einem Menschen und einem Computer beantwortet und alle äußeren Anhaltspunkte dafür beseitigt werden, welche Antwort vom Menschen und welche von der Maschine gegeben wird. Wenn sich am Inhalt nicht mehr entscheiden lässt, ob die Antwort vom Menschen oder von der Maschine kommt, stehen beide auf einer Stufe. Ein solches Ergebnis würde belegen, dass der Computer nach Maßstäben des menschlichen Denkens selbst zu denken vermag.

Seit 1991 wird jährlich ein Preis, der nach dem amerikanischen Soziologen Hugh Gene Loebner benannt ist, für den ersten erfolgreichen Turing-Test ausgelobt. Er wurde noch nie vergeben, von einem erfolgreichen Turing-Test ist bisher nichts bekannt. Dass Kehlmann auf einen Algorithmus stoßen würde, der mit ihm zusammen erfolgreich eine literarische Kurzgeschichte verfassen würde, war deshalb von vornherein sehr unwahrscheinlich.

Gleichwohl ließ Kehlmann sich auf das Experiment ein. Sollte sich erweisen, dass der Beruf des Schriftstellers durch einen literaturfähigen Computer überflüssig würde, wäre er wenigstens der Erste, der dies erführe. Doch dazu kam es nicht. Dem Algorithmus gelang es zwar, an die Textbausteine des Schriftstellers in passender, manchmal auch interessanter Weise anzuschließen. Doch er konnte den Fluss der Erzählung nicht originell vorantreiben. Kehlmann kehrte aus dem Silicon Valley mit der Gewissheit zurück, in einem Beruf tätig zu sein, der nicht so schnell durch einen Vorgang digitaler Disruption in Frage gestellt und am Ende gar substituiert werden kann.

Der Dichter konnte sich mit einer Eigenschaft menschlicher Intelligenz beruhigen, die im Anschluss an den Entwicklungspsychologen Jean Piaget auf den pfiffigen Satz gebracht wird: «Intelligenz ist das, was man einsetzt, wenn man nicht weiß, was man tun soll.» (Eberl 2017: 62; Simanowski 2021: 52) Auch in Zukunft verbleibt dem Menschen die Zusammengehörigkeit von Intelligenz und Kreativität. Sie kann auch einen leidenschaftlichen Erforscher der digitalen Intelligenz wie Oren Etzioni zum Respekt vor dem menschlichen Gehirn veranlassen: «Hochachtung und Bescheidenheit vor dem menschlichen Gehirn – es ist einfach unglaublich, was dieses Organ mit seinem relativ geringen Energieverbrauch zustande bringt!» (Eberl 2017: 142)

Stärker als der Mensch?

Nachdem der Schachcomputer Deep Blue den damals amtieren-den Schachweltmeister Garri Kasparow 1996 in einer einzelnen Schachpartie und 1997 in einem kompletten Wettkampf unter Turnierbedingungen geschlagen hatte, erwartete man, dass ein genereller Vorsprung der «Künstlichen Intelligenz» (KI) gegen-über dem Menschen nur noch eine Frage der Zeit sei. Als die Google-Software AlphaGo im Jahr 2016 den Go-Spieler Lee Se-dol, einen der weltbesten Experten in diesem alten chinesischen Spiel, überwand, wurde aufs Neue darüber diskutiert, ob nun die menschliche Intelligenz endgültig durch die digitale über-holt sei. Der internationale Aufruhr um diese beiden Siege von Maschinen über Menschen war gewaltig – setzt man doch aus guten Gründen bei Schach-Weltmeistern wie bei Go-Meistern herausragende menschliche Intelligenz voraus.

Zur spezifischen Leistungsfähigkeit von Computern gehört es, dass sie in kurzer Zeit große Datenmengen verarbeiten und analysieren können. Der Schachcomputer Deep Blue beispiels-weise konnte in jeder Sekunde 200 Millionen mögliche Spiel-züge mit ihren Implikationen berechnen, Kasparow brachte es nach eigener Einschätzung auf weniger als einen Spielzug pro Sekunde. Mithalten konnte er nur deshalb, weil er außer auf die Analyse auch auf seine Intuition vertrauen konnte (Fuchs 2020: 47). Kreative Intelligenz ist gerade auf eine solche Kombination angewiesen. Dass die Zahl der möglichen Züge bei Go noch sehr viel größer ist als bei Schach, erhöht die Wahrscheinlich-keit, dass der Computer kraft seiner Rechenleistung gegenüber dem menschlichen Spieler im Vorteil ist. Dagegen wird einge-wandt, dass AlphaGo nicht allein auf Grund seiner quantitativen Rechenkapazität gewonnen hat, sondern weil seine KI «lernt», mögliche Spielzüge eines menschlichen Gegners vorauszusagen, und es sich ebenfalls durch «Lernen» ersparen kann, alle möglichen Spielzüge von vorne bis hinten durchzurechnen. Doch auch dieses maschinelle Lernen ist letztlich eine Rechenleistung, die Menschen zuvor programmieren müssen.

Seit dem Sieg des Computerprogramms AlphaGo über Lee Sedol hat die digitale Intelligenz weitere Fortschritte gemacht. Das neue Programm AlphaZero verfügt über die Fähigkeit, sowohl Schach als auch Go und Shogi auf höchstem Niveau zu spielen. Das Verfahren, in dem das Programm perfektioniert wurde, vergleicht der Erfinder Thore Graepel mit Stefan Zweigs *Schachnovelle*. In ihr eignet sich der Gefangene Dr. B. die Prinzipien des Schachspiels dadurch an, dass er gegen sich selbst spielt. Die Bestätigungen, die sich die digitale Intelligenz durch die Fähigkeit des Selbstlernens erwirbt, verstärken ihre Kompetenzen zur Kooperation mit menschlichen Akteuren. Thore Graepel leitet daraus eine Zukunftsperspektive ab, in der das Verhältnis zwischen menschlicher und digitaler Intelligenz nicht mehr unter dem Gesichtspunkt menschlicher Konkurrenzangst, sondern unter demjenigen der Kooperation betrachtet wird. Die digitale Intelligenz wird «vom Rivalen zum Mitstreiter». Die Entwicklung der digitalen Intelligenz stellt die menschliche Intelligenz nicht in Frage, sondern eröffnet ihr neue Möglichkeiten (Graepel 2021: 18).

Die Hoffnung, dass Maschinen den Menschen Aufgaben abnehmen und ihnen dadurch neue Möglichkeiten eröffnen, ist alt. Die Geschichte technischer Geräte lässt sich als eine Abfolge von Schritten beschreiben, mit denen Menschen sich von schweren Arbeiten zu entlasten suchen oder ihre Kraft durch geeignete Werkzeuge verstärken. Dabei nehmen sie nicht nur in Kauf, sondern legen es geradezu darauf an, dass die von ihnen ersonnenen Werkzeuge und Geräte, Fahrzeuge und Maschinen den entsprechenden menschlichen Tätigkeiten an Effizienz überlegen sind. Sie entwickeln Ideen dafür, solche Geräte mit der physischen Kraft von Tieren zu verbinden. Später treten Dampfmaschinen und Verbrennungsmotoren an die Stelle der Tiere. Den damit verbundenen Fortschritt beschreibt man beispielsweise durch die Feststellung, über wie viele «Pferdestärken» derartige Geräte verfügen. Von Menschen ersonnene Instrumente können schwerere Lasten tragen, größere Hindernisse überwinden, effizienter produzieren, weitere Strecken zurücklegen, sich schneller fortbewegen als Menschen. Nicht nur körperliche Anstrengungen werden maschinell ersetzt oder ergänzt. Mit dem Fortschritt technischer Möglichkeiten entsteht auch die Hoffnung, dass Maschinen Aufgaben übernehmen können, für die eine geistige Anstrengung notwendig ist.

Maschinelles Lernen

Der Maßstab, an dem gemessen wird, ob ein Computer denken kann, ist die menschliche Intelligenz. Das brachte Alan Turing 1950 auf die Idee, mit Hilfe eines Tests herauszufinden, ob und wann ein Computer ähnlich denkt wie ein Mensch. Dieser später so genannte Turing-Test hat bis zum heutigen Tag nicht zu eindeutigen Ergebnissen geführt. Wann immer er unternommen wird, zeigt sich die Differenz zwischen maschineller und menschlicher Intelligenz nicht so sehr in Wissensfragen oder in komplexen logischen Operationen, sondern in Fragen, die Verständnis für den Kontext, praktische Vernunft und dergleichen voraussetzen. Die Maschine gerät beispielsweise an Grenzen, wenn Situationen mehrdeutig formuliert werden: «Ein Kunde betritt eine Bank und sticht auf den Kassierer ein. Er wird in die Notaufnahme gebracht. Wer wird in die Notaufnahme gebracht?» (Fuchs 2020: 45) Andere Aufgaben kann die Maschine präzise lösen, ohne dass man voraussetzen kann, dass sie Verständnis für diese Aufgaben aufbringt. Der amerikanische Philosoph John Searle hat dies am Gedankenexperiment des «chinesischen Zimmers» verdeutlicht: Ein Mann, der kein Wort Chinesisch versteht, wird in ein Zimmer eingeschlossen, in dem sich chinesische Bücher befinden. Er erhält nun durch einen Schlitz Blätter mit ihm unverständlichen chinesischen Schriftzeichen gereicht. Er sucht in den Büchern nach der Zeichenfolge und findet daneben eine weitere Zeichenfolge, die er auf einen neuen Zettel schreibt und durch den Schlitz hinausreicht. Obwohl er die ihm gestellten Aufgaben auf diese Weise fehlerfrei löst, kann man daraus nicht schließen, dass er die Fragen und die zu ihnen gehörigen Antworten versteht (Searle 1980). Ohne dass die Person oder gar die Bibliothek Chinesisch verstehen, kommen korrekte Antworten zustande. Ähnlich kann auch digitale Intelligenz so programmiert werden, dass sie korrekte Resultate hervorbringt, ohne dass sie deshalb mit menschlicher Intelligenz verglichen werden könnte. Diese Feststellung bildet den Hintergrund für die inzwischen vielfach verwendete Unterscheidung zwischen «schwachen» und «starken» Formen «Künstlicher Existenz». Die schwache Variante löst Aufgaben, die – würden sie vom Menschen übernommen – menschliche Intelligenz voraussetzen. Doch sie tut dies, ohne den mit diesen Aufgaben verbundenen Inhalt verstehen zu können. Vielmehr besteht die Funktion der schwachen KI darin, menschliches Denken und Handeln zu unterstützen. Von der starken Variante wäre dagegen zu erwarten, dass es sich um «denkende Maschinen» handelt, die den Turing-Test bestehen könnten; es würde sich um eine *human-level machine intelligence* (HLMI; Bostrom 2014: 18) handeln.

Bei dieser Unterscheidung muss man den wichtigen Schritt zum maschinellen Lernen als einen Schritt innerhalb der «schwachen» digitalen Intelligenz interpretieren. Maschinelles Lernen ist in einer Interpretation des Softwareunternehmens

SAS «eine Datenanalysemethode, die die automatische Erstellung von Analysemodellen ermöglicht». Sie «basiert auf dem Gedanken, dass Systeme aus Daten lernen, Muster erkennen und Entscheidungen treffen können – mit minimaler menschlicher Intervention» (SAS 2021). Als lernende Maschinen erweisen sich Computer in solchen Zusammenhängen deshalb, weil sie die Kompetenz entwickeln, bestimmte Aufgaben auszuführen, ohne speziell für diese Aufgaben programmiert zu sein. Die Algorithmen identifizieren die in ihren Daten enthaltenen Muster. Mit dem zunehmenden Umfang des Datenmaterials gelingt ihnen das immer verlässlicher.

Vergleichbare Entwicklungen vollziehen sich in der Robotik, die in wachsendem Maß mit selbststeuernden Elementen verbunden wird. Dadurch kann sie Steuerungsaufgaben übernehmen, die zuvor noch von Menschen abhingen. In einem solchen Fall spricht man von einer humanoiden Robotik. Viele erwarten, dass Roboter in Zukunft nicht nur Handlungen ausführen, die vorher nur Menschen möglich waren, sondern diese Handlungen auch selbst in Gang setzen und steuern können. Wann ist ein Grad der Selbstständigkeit erreicht, der es nahelegt, einen solchen Roboter als «Person» zu betrachten? Wann werden humanoide Roboter so weit sein, dass sie selbstständig in ein Wahllokal gehen und einen Wahlschein ausfüllen? Oder: Wann werden sie so weit sein, in einer Kirchengemeinde die Taufe zu beantragen? Und nicht zuletzt: Wann bezahlen sie Einkommens- oder doch wenigstens Maschinensteuer?

Die Erwartung, dass es über die Leistungen des maschinellen Lernens und der humanoiden Robotik hinaus zu einer «starken» KI kommen könne, hat sich bisher nicht erfüllt. Der Philosoph Nick Bostrom unterscheidet zwischen einer KI, die das Niveau menschlicher Intelligenz in einem umfassenden Sinn erreicht, und einer «Superintelligenz», die «die kognitive Performanz von Menschen in nahezu allen in Frage kommenden Bereichen erheblich übersteigt» (Müller/Bostrom 2016: 2). Damit wäre diese Superintelligenz auf den Menschen nicht mehr angewiesen. Vinzenz C. Müller und Nick Bostrom sind der Frage nachgegangen, wann mit diesen beiden Entwicklungsschritten zu rechnen ist. 2016 veröffentlichten sie die Ergebnisse einer Expertenbefragung zum zeitlichen Horizont für die Entwicklung der KI. Dabei unterschieden sie zwischen dem Datum, zu dem die digitale Intelligenz das Niveau der menschlichen Intelligenz in einem umfassenden Sinn erreichen würde, und der Verwirklichung einer darüber deutlich hinausgehenden Superintelligenz. Ungefähr die Hälfte der befragten Experten erwartete eine mit der menschlichen Intelligenz vergleichbare KI zwischen 2040 und 2050. Neun von zehn Experten rechneten mit einer solchen Entwicklung jedenfalls bis zum Jahr 2075. Jeweils drei Jahrzehnte später würde dann die Superintelligenz verwirklicht sein, also zwischen 2070 und dem Beginn des zweiundzwanzigsten Jahrhunderts.

Mit welchen Konsequenzen die Entstehung einer solchen Superintelligenz verbunden sein wird, weiß heute niemand. Von vielen Autoren wird die technologische Entwicklung als solche für unbeeinflussbar gehalten. Die Bewältigung der Folgen wird gleichwohl der menschlichen Verantwortung anheimgegeben. Den technischen Fortschritt können die Menschen nach dieser Auffassung nicht steuern. Doch der Aufgabe, die Folgen seines Gebrauchs zu beherrschen, können sie sich nur um den Preis der Selbstaufgabe entziehen. Denn wer auf solche Kontrolle verzichtet, liefert sich einer Technik aus, die auf den Menschen nicht mehr angewiesen ist. Er entzieht sich damit zugleich der Verantwortung für die Folgen, die aus dem Gebrauch dieser Technik resultieren. Die damit einhergehende Dramatik vergleicht Nick Bostrom mit der Lage von Kindern, die beim Spielen eine nicht entschärfte Bombe gefunden haben. Werden sie tatsächlich so klug sein, die Bombe ebenso schnell wie be-

hutsam auf den Boden zu legen, das Weite zu suchen und Er-
wachsene um Hilfe zu bitten? (Bostrom 2014: 259 f.) Es handelt
sich jedoch nicht um eine Situation, in der einzelne Kinder
schnell zur richtigen Entscheidung kommen müssen. Es handelt sich vielmehr um eine Menschheitsentscheidung. Und wer
sind die Erwachsenen, die man zu Hilfe rufen kann? Die Menschen selbst werden die nötige Klugheit aufbringen müssen.
Wenn es so weit ist, haben sie keinen Grund zu sagen, sie hätten
von nichts gewusst. Sie müssen die technischen Geräte, die sie
selbst entwerfen, so gestalten, dass sie die Herrschaft über sie
bewahren können. Der Hinweis darauf, man habe die Entwicklung einer «Superintelligenz» nicht kommen sehen, ist keine
Entschuldigung. Denn sie wird von Menschen diskutiert, geplant und geschaffen. Auch wenn ihnen die Herrschaft über ihr
eigenes Produkt entgleitet, bleiben sie dafür verantwortlich. Sie
müssen sich also vorher überlegen, ob sie etwas schaffen dürfen, das sie nicht kontrollieren können.

Ein bleibender Unterschied

Zwar gibt es gegenwärtig noch keinen Grund, einen «intelligenten» Computer mit dem menschlichen Gehirn auf eine Stufe
zu stellen. Doch seit die Rede von der KI aufgekommen ist,
hat sich eine Neigung dazu entwickelt, den Computer wie ein
Gehirn anzusehen. Der Umkehrschluss ließ nicht lange auf
sich warten. Er bestand darin, das menschliche Gehirn wie
einen «denkenden Computer» zu verstehen. Diese Metapher
gewann schnell einen großen Einfluss auf die Neurowissenschaften. Aber sie stößt an deutliche Grenzen. Trotz der atem-
beraubenden Fortschritte der empirischen Forschung gibt es
kein Einverständnis darüber, wie das menschliche Gehirn zu
verstehen ist. «Reihenweise werden Bücher produziert, die alle

in Anspruch nehmen, das Gehirn auf unterschiedliche Weise zu interpretieren» (Cobb 2020). Ein theoretischer Rahmen dafür, aus den gesammelten Daten ein grundlegendes Verständnis des Gehirns zu entwickeln, scheint nicht in Sicht zu sein. In exemplarischer Weise machen Vertreter der Neurowissenschaften die Erfahrung, dass die bloße Akkumulation von Daten noch kein Wissen erzeugt. Denn dafür müssen die Daten verstanden werden. Datenanalyse und -vergleich lassen sich jedoch mit dem Verstehen und der Deutung komplexer Zusammenhänge nicht auf eine Stufe stellen. Darüber hinaus gehört es zum Wesen des menschlichen Gehirns, dass es Bewusstsein erzeugt und damit ein reflexives Verhältnis zu seiner eigenen Tätigkeit entwickelt. Nicht nur ihre Handlungen, sondern auch ihr Denken und Fühlen setzen Menschen zu ihrer eigenen Identität ins Verhältnis. Für all das gibt es im Bereich der KI keine Parallele. Daraus, dass Computer weit größere Datenmengen speichern und analysieren können als menschliche Gehirne, lässt sich somit nicht auf eine Intelligenz schließen, die mit derjenigen des Menschen vergleichbar wäre.

Deshalb erweist es sich als fragwürdig, das Besondere der maschinellen Datenverarbeitung als «Künstliche Intelligenz» (KI) beziehungsweise «Artificial Intelligence» (AI) zu bezeichnen. Im Jahr 1956 wurde dieser Begriff als Titel für eine Konferenz am Dartmouth College in Hanover (New Hampshire) zum ersten Mal programmatisch verwendet. In den fünfziger Jahren des vergangenen Jahrhunderts richteten sich die Hoffnungen vor allem auf die Möglichkeit, Übersetzungsaufgaben von Computern erledigen zu lassen. Insbesondere an Übersetzern, die russische Texte ins Englische übertragen konnten, bestand in der Zeit des Kalten Krieges ein eklatanter Mangel. Es dauerte allerdings bis zum Jahr 2016, bis dafür mit der erfolgreichen Nutzung künstlicher neuronaler Netze eine überzeugende Lösung gefunden wurde (Burchardt 2017/18). Dass hier von einer «Intelligenz» im menschlichen Sinne gesprochen werden kann, ist jedoch zu bezweifeln.

Der Begriff der «Künstlichen Intelligenz» wird heute mit Hinweis auf die Lern- und Leistungsfähigkeit von Maschinen verteidigt. Dass sich dabei das Verständnis menschlicher Intelligenz verengt, liegt nahe. In den Blick tritt am ehesten die Intelligenz des Homo faber: Auf die instrumentelle Nützlichkeit, nicht auf das zweckfreie Wahrnehmen, Verstehen und Kommunizieren kommt es an. Diese instrumentelle Sicht verknüpft sich mit der Neigung zu einer quantifizierenden Betrachtung der menschlichen Intelligenz, wie sie schon durch die Entwicklung von Intelligenztests mittels der Feststellung eines Intelligenzquotienten (IQ) zu Beginn des zwanzigsten Jahrhunderts angebahnt wurde. Durch die Versuche, einen Intelligenzbegriff zu formulieren, der menschliche, künstliche und tierische Intelligenz umfassen kann, haben sich solche Tendenzen weiter verstärkt. So schließen Shane Legg und Marcus Hutter ihre Übersicht über mehr als siebzig zeitgenössische Definitionen von Intelligenz mit einem Vorschlag ab, der die quantitative und die instrumentelle Sichtweise in knappster Form miteinander verknüpft: «Intelligence measures an agent's ability to achieve goals in a wide range of environments.» (Legg/Hutter 2007: 9)

Der vor mehr als einem halben Jahrhundert eingeführte Begriff der KI setzt die Unterscheidung zwischen «künstlich» und «natürlich» beziehungsweise «biologisch» voraus. Unberücksichtigt bleibt dabei, dass menschliche Intelligenz nicht nur auf biologischen Vorgaben, sondern auch auf kulturellen Errungenschaften beruht. Sie lässt sich keineswegs allein auf elementare biologische Bedingungen der menschlichen Existenz zurückführen, sondern spiegelt zugleich kulturelle Leistungen, die exemplarisch in der Sprachfähigkeit des Menschen zum Ausdruck kommen, sich aber ebenso in symbolischen Verdichtungen – beispielsweise bereits den ersten Höhlenmalereien – zeigen.

Unter Vernachlässigung der Sprachfähigkeit und der vielfältigen kulturellen Entwicklungen menschlicher Kreativität lässt sich von der Intelligenz des Menschen nicht sprechen. Programmatisch hat Charles Taylor den Menschen deshalb im Anschluss an Johann Gottfried Herder als das «sprachbegabte Tier» bezeichnet. Zur menschlichen Intelligenz gehört eine Einsichtsfähigkeit, die mit Bewusstsein verbunden ist, also mit der Möglichkeit, das Erkannte zum eigenen Leben und Erleben in Beziehung zu setzen. Thomas Fuchs beschreibt das Bewusstsein, von dem sich menschliche Erkenntnisfähigkeit nicht trennen lässt, als ein «*Selbstgewahrsein*», ein «*basales Selbstempfinden*», das den Hintergrund all unserer Erfahrungen bildet» (Fuchs 2020: 104). Spezifisch menschlich ist Intelligenz nicht allein durch das Ausmaß kognitiver Leistungen, sondern durch deren Verbindung mit der Identität und dem Selbstsein der einzelnen Person sowie durch die Fähigkeit, diese Intelligenz für das Zusammensein und Zusammenwirken mit anderen fruchtbar zu machen. Kommunikationsfähigkeit und Kreativität gehören zur menschlichen Intelligenz. Gegenüber einer Reduktion auf kognitive Fähigkeiten allein spricht man deshalb ergänzend von emotionaler, sozialer oder kreativer Intelligenz.

Der Sinn der Sprache als spezifisch menschlicher Ausdrucksform von Intelligenz besteht nicht nur darin, Gegenstände zu benennen und deren kausale Verknüpfungen zu bestimmen. Menschen bringen vielmehr sprachlich zum Ausdruck, was diese Gegenstände ihnen bedeuten (Taylor 2017: 173 f.). Dabei besteht eine Besonderheit darin, dass Menschen Bedeutungen nicht nur tradieren, sondern Gegenstände mit neuen Bedeutungen versehen und ihr Verständnis dieser Gegenstände verändern können.

Die Parallelisierung zwischen den kognitiven Leistungen von Computern und der menschlichen Intelligenz führt zu restriktiven und dadurch irreführenden Vorstellungen. Dieser Vergleich verselbstständigt das menschliche Gehirn gegenüber dem Körper, dessen Teil es ist. Das Gehirn wird in einem solchen Vergleich wie ein Computer betrachtet. Dieses Denkmodell ist auch dann bestimmend, wenn menschliche Gehirne mit Computern verknüpft werden sollen, so dass zwischen beiden neuronale Netzwerke entstehen. Beispielhaft dafür sind Geräte, die von Elon Musks Firma Neuralink geplant werden. Sie sollen mit Hilfe von Elektroden das menschliche Gehirn mit einem externen Computer verbinden. Eine praktische Bedeutung dieses Vorhabens kann darin bestehen, verletztes Nervengewebe technologisch zu überbrücken. Doch die Vision geht über derartige therapeutische Absichten hinaus. Musk schwebt die Nutzung solcher Geräte für jedermann vor: Mit ihrer Hilfe werde das «Teilen» von Gedanken oder das Übertragen von Erinnerungen auf ein anderes Gehirn oder einen Computer möglich, ohne dass es dafür einer sprachlichen Kommunikation bedarf. Solche Vorhaben verstärken eine Tendenz, die der aus Deutschland stammende und in die USA emigrierte Philosoph Hans Jonas als die «unwiderstehliche Neigung» bezeichnete, «menschliche Funktionen in den Kategorien der sie ersetzenden Artefakte, und Artefakte in den Kategorien der von ihnen versehenen menschlichen Funktionen zu deuten». «Moderne Bedienungsmechanismen» bezeichnet man deshalb als «intelligent». Menschen und menschliche Gesellschaften dagegen interpretiert man als «Feedbackmechanismen» (Jonas 2010: 207).

Nur durch die Verbindung von menschlichem Gehirn und Computer, so wird behauptet, könne der Mensch auf Dauer mit der «Künstlichen Intelligenz» mithalten. Gehirne, die durch Mikrochips mit externen Strukturen verknüpft sind, «könnten dann, mit Sprach- oder anderer Software programmiert, mit neuen, ungeahnten Reservoirs an Wissen und Intelligenz gespeist, direkt an das Internet oder sogar an andere Gehirne angeschlossen werden; umgekehrt ließe sich das Bewusstsein

graduell in externe Strukturen auslagern» (Fuchs 2020: 101).
Solche technischen Phantasien bilden den Hintergrund für das
Vorhaben, Mensch und Maschine zu einem Cyborg *(cybernetic
organism)* zu verschmelzen.

Konstitutiv für solche Überlegungen ist die Absonderung des
menschlichen Gehirns und mit ihm der menschlichen Intelligenz vom Körper des Menschen. Denn nur getrennt von dem
Körper, dem es zugehört, lässt es sich in Analogie zu einem
Computer betrachten. Das menschliche Gehirn ist jedoch un-
lösbar mit der Leiblichkeit des Menschen verbunden. Die Bedeutung des verkörperten Geistes für Identität und Existenz des
Menschen wird verfehlt, wenn Geist und Körper voneinander
abgesondert werden. Die am Beispiel des Computers gewonnene Vorstellung von binärer Rechenhaftigkeit wird auf die
geistigen Tätigkeiten des Menschen übertragen. Diese Vorstellung beruht, wie Thomas Fuchs deutlich macht, auf einem fal-
schen Konzept des Bewusstseins, so als habe dieses sein entscheidendes Ziel darin, die körperliche Natur des Menschen zu
überwinden. Nur auf Grund eines solchen Missverständnisses
wird diese Überwindung sogar als «Vollendung des emanzipa-
torischen Projekts der Moderne» aufgefasst (Fuchs 2020: 74).

Wird dagegen das menschliche Denken als verkörpertes
Denken verstanden, so lässt sich die Intelligenz, die in diesem
Denken zum Ausdruck kommt, nicht auf die kognitiven Fertig-
keiten des Menschen reduzieren. Zur humanen Intelligenz gehören vielmehr auch die kreativen Begabungen des Menschen,
seine soziale Sensibilität, die Fähigkeit zuzuhören und gemeinsam mit anderen neue Lösungen zu entwickeln. Im Rahmen
eines solchen Verständnisses kann die Speicher- und Lernkapa-
zität digitaler Intelligenz von großer Bedeutung für die Entfaltung menschlicher Möglichkeiten sein. Doch die angemessene
Haltung gegenüber solchen Potentialen besteht nicht in einer
«prometheischen Scham», welche der Mensch durch die Über-

legenheit der von ihm selbst geschaffenen Erzeugnisse fühlt
(Fuchs 2020: 47 im Anschluss an Günther Anders). Vielmehr
geht es um das Zutrauen zu einer kreativen Intelligenz, die sich
der instrumentellen Intelligenz der von Menschen geschaffenen
Geräte bedient, statt sich von ihr beschämen oder auf andere
Weise beherrschen zu lassen. Der instrumentelle Charakter digitaler Intelligenz folgt aus dem Respekt vor dem Menschsein in
der Einheit von Körper und Geist.

Die Leiblichkeit menschlicher Existenz ist für das Selbstgewahrsein der einzelnen Person von großer Bedeutung. Die
Wahrnehmung der eigenen Lebendigkeit gründet in leiblichen
Erfahrungen. Sie umfassen die Spannweite zwischen Wohlge-
fühl und Missbefinden, zwischen Krankheit und Gesundheit,
zwischen Lust und Schmerz, zwischen Hunger und Sättigung,
zwischen Durst und Genügen, zwischen Mangel und Genuss.
Doch diese elementare Bedeutung der Leiblichkeit ist nicht nur
auf das eigene Selbst bezogen, sondern ist auch für das Miteinander mit anderen Menschen von vitaler Bedeutung. Zwischenleiblich ist das menschliche Leben nicht nur in den Erfahrungen
intensivster Nähe und sexueller Vereinigung. Zwischenleiblich
ist es in allen Formen der Kommunikation. Auch in Zeiten, in
denen große Abstände mit technischen Mitteln in «Echtzeit» zu
überbrücken sind, geht die Differenz zwischen technisch ge-
stützter Kommunikation und leiblicher Kopräsenz nicht verloren.

Die Corona-Krise seit 2020 hat das anschaulich vor Augen geführt. Die Erfahrung, die sich mit ihr verband, wurde allerdings
gründlich fehlgedeutet, indem das Einhalten von Abstandsge-
boten als *social distancing* interpretiert wurde. Denn als «soziale
Distanz» werden die Abstufungen von Einvernehmen, Reser-
viertheit oder Konflikt zwischen Einzelnen und Gruppen bezeichnet (Park 2021). Im Fall der Corona-Vorschriften für den
öffentlichen Bereich ging es dagegen um einen räumlichen Ab-

stand, der die Verbreitung des gefährlichen Virus in Grenzen halten sollte. Von vielen wurde dieser von der Vernunft gebotene physische Abstand als soziale und kulturelle Entbehrung erlebt. Die irreführende Redeweise war geeignet, solche Gefühle zu verstärken.

Ebenso irreführend ist der Begriff der «Künstlichen Intelligenz». Seine Verwendung hat Rückwirkungen auf das Verständnis des Menschen und seiner Verantwortung für die technischen Mittel, deren er sich bedient. Bemerkenswerterweise hat der international renommierte Ingenieursverband IEEE in seinem 2021 veröffentlichten Ethikstandard für intelligente Systeme den Begriff der «Künstlichen Intelligenz» konsequent vermieden (IEEE 2021; Spiekermann 2021). Daran anknüpfend schlage ich vor, nicht von «künstlicher», sondern von «digitaler Intelligenz» zu sprechen. Damit wird der Grund für die staunenswerten Leistungen dieser Art von Intelligenz präzise benannt. Doch es wird zugleich deutlich, warum es abwegig ist, die menschliche Intelligenz im Sinn der digitalen Intelligenz umformen zu wollen. Es lässt sich auf diese Weise zumindest ein terminologisches Warnschild aufstellen, das auf seine Weise auch Hans Jonas bereits aufgerichtet hat, als er vor der Neigung warnte, menschliche Funktionen und von Menschen geschaffene Artefakte miteinander zu verwechseln.

Ethische Prinzipien für den Umgang mit digitaler Intelligenz

Die Debatte über den ethischen Umgang mit digitaler Intelligenz kann nicht warten, bis diese Intelligenz die menschliche Intelligenz vermeintlich erreicht oder als «Superintelligenz» in all ihren kognitiven Aspekten überholt hat. Unabhängig davon, wie man die Entwicklungsdynamik der nächsten Jahrzehnte einschätzt, müssen die ethischen Weichenstellungen so früh wie möglich diskutiert und in digitale Grundrechte sowie in bindende technische und praktische Normen umgesetzt werden. Ethischen Überlegungen zu solchen Fragen wird häufig vorgeworfen, sie erschöpften sich in der «ethischen Bemäntelung anderweitig gefundener Entscheidungen», dienten als «Ethics-Washing», beschränkten sich also auf ebenso hochtrabende wie wirkungslose ethische Forderungen und seien damit nur «Inspirationsquelle für Sonntagsreden» (Hilgendorf 2021: 224). Es reicht deshalb nicht, ethische Positionen zu vertreten und deren Auswirkungen sich selbst zu überlassen. Vielmehr kommt es darauf an, ethische Vorschläge zu entwickeln, die eine breitere Resonanz finden und so weit wie möglich rechtlich umgesetzt werden können.

So hat eine Gruppe von Autorinnen und Autoren 2018 unter dem Schirm der ZEIT-Stiftung einen Entwurf für eine Charta der digitalen Grundrechte der Europäischen Union vorgelegt (Charta 2018). Sie knüpft an die Grundrechte-Charta der EU an, die im Jahr 2000 feierlich proklamiert wurde, aber erst am 1. Dezember 2009 in Kraft getreten ist. Die Digitalcharta überträgt diese Grundrechte auf Fragen der Digitalisierung insgesamt. Aspekte der digitalen Intelligenz kommen insbesondere in detaillierten Anforderungen an automatisierte Entscheidungen zur Geltung. Diese müssen stets von natürlichen oder juristischen Personen verantwortet werden, ihre Kriterien sind offenzulegen. Soweit sie von erheblicher Bedeutung für die Lebensführung sind, muss eine unabhängige Überprüfung und Entscheidung durch Menschen gewährleistet sein. Entscheidungen über Leben, körperliche Unversehrtheit und Freiheitsentzug dürfen nur von Menschen getroffen werden. Und schließlich: «Der Einsatz von künstlicher Intelligenz und Robotik in grundrechtsrelevanten Bereichen muss gesellschaftlich begleitet und vom Gesetzgeber reguliert werden.»

Ein nächster wichtiger Schritt erfolgte auf europäischer Ebene durch die Arbeitsergebnisse einer hochrangigen Expertengruppe zu Fragen der «Künstlichen Intelligenz». Deren Zielsetzung bestand darin, Maßstäbe für eine «vertrauenswürdige Künstliche Intelligenz» zu entwickeln. Auch diese Überlegungen orientieren sich an der Garantie der Menschenwürde und den europäischen Menschenrechtskatalogen. Die zentralen Themenbereiche sind (Hilgendorf 2021: 236):

– die Haftung und strafrechtliche Verantwortung für von
   digitalen Maschinen verursachte Schäden,
– der Schutz von Persönlichkeitsrechten,
– die Diskriminierungsfreiheit,
– die Transparenz und Erklärbarkeit von KI-Entscheidungen,
– der Schutz der Privatsphäre und die Datenhoheit,
– die Prävention von Fehlverhalten,
– die Gewährleistung staatlicher Funktionen angesichts
   privater Quasi-Monopole.

Die Debatte über die ethische Beurteilung und rechtliche Regelung von digitaler Intelligenz wird weitergehen. Dabei ist ein ethisches Vorgehen anzustreben, das für unterschiedliche ethische Überzeugungen anschlussfähig ist. Für die Entwicklung solcher ethischen Vorschläge hat sich das Verfahren eines «Überlegungsgleichgewichts» bewährt. In einem engeren Verständnis dieses Begriffs, das zuerst von dem amerikanischen Gerechtigkeitstheoretiker John Rawls vertreten wurde, wird zwischen einzelfallbezogenen, wohlerwogenen Urteilen oder Überzeugungen auf der einen Seite und prinzipiellen Überlegungen auf der anderen Seite ein argumentatives Gleichgewicht hergestellt. So wird beispielsweise das intuitive Urteil, Telefonieren beim Autofahren ohne Freisprechanlage sei abzulehnen, mit dem Prinzip verknüpft, weder das Leben anderer noch das eigene zu gefährden. Über diese Argumentationsstruktur geht das Konzept eines weiten Überlegungsgleichgewichts insofern hinaus, als es ethische Vorschläge nicht nur auf wohlerwogene Urteile und allgemeine Prinzipien stützt. Diese Konzeption bezieht darüber hinaus einerseits empirisches Wissen und geltende (Rechts-)Regeln, andererseits ethische und religiös-weltanschauliche Grundhaltungen in die Urteilsbildung ein (Reuter 2015: 98–101). Dazu ein Beispiel:

Der in Oxford lehrende Philosoph Luciano Floridi hat mit einer Gruppe von elf Kolleginnen und Kollegen in einer zusammenfassenden Auswertung von ethischen Überlegungen zur «Künstlichen Intelligenz» ein prinzipienorientiertes Konzept vorgelegt, dessen Zielsetzung sich schon aus dem Titel ergibt: «Künstliche Intelligenz für Menschen», abgekürzt «AI4People» (Floridi 2018). Man fühlt sich an die große ethische Intuition erinnert, die sich von der Goldenen Regel bis zum Kategorischen Imperativ Kants und dem wirtschaftsethischen Leitbild einer «Wirtschaft für den Menschen» von Amartya Sen spannt: Wechselseitige Achtung für die Würde des Menschen gilt als Dreh- und Angelpunkt der ethischen Reflexion.

In einem ersten Schritt betrachtet das AI4People-Konzept die voraussagbaren ambivalenten Wirkungen der digitalen Intelligenz, die sowohl Chancen als auch Risiken in sich birgt. Das wird in vier Hinsichten beschrieben: (1) Die Möglichkeiten menschlicher Selbstverwirklichung können gestärkt werden; doch damit verbindet sich die Gefahr, dass spezifisch menschliche Fähigkeiten entwertet werden. (2) Das menschliche Handlungspotential wird gefördert; doch zugleich kann die menschliche Verantwortung in den Hintergrund treten. (3) Gesellschaftliche Fähigkeiten erweitern sich – wie die Beispiele der Verhütung von Krankheiten oder der Verbesserung von Mobilität und Logistik zeigen; doch dadurch kann die menschliche Kontrolle eingeschränkt werden. (4) Die digitale Vernetzung kann den sozialen Zusammenhalt stärken; doch dies kann auf Kosten menschlicher Selbstbestimmung geschehen. Diese Liste ist keineswegs vollständig, die Zuordnung von Chancen und Risiken ist diskussionswürdig. Ihre Absicht besteht darin, die ambivalenten Wirkungen der digitalen Intelligenz durch ethische Impulse positiv zu beeinflussen. Die Befolgung des Rechts allein genügt dafür nicht. Den Unterschied verdeutlichen die Autoren am Beispiel eines Spiels: Das Recht definiert die Regeln des Spiels – es geht jedoch darüber hinaus darum, gut zu spielen und auf diese Weise gewinnen zu können.

Im Übergang zu diesem Schritt wählt die Studie einen empirischen Zugang. Sie prüft, welche ethischen Prinzipien in der bisherigen internationalen Diskussion zur digitalen Intelligenz eine herausgehobene Rolle spielen. Dafür orientiert sie sich, beginnend mit der Asilomar-Konferenz von 2017, an sechs repräsentativen Stellungnahmen der jüngsten Vergangenheit, die jeweils auf Expertenkonsultationen beruhen. In diesen Dokumenten finden die Autorinnen und Autoren insgesamt 47 Prinzipien. Die Schnittmenge zwischen ihnen ist groß, so dass sich die Zahl bei genauerer Betrachtung erheblich reduziert. Im Wesentlichen decken die auf die digitale Intelligenz angewandten Prinzipien sich mit den vier Prinzipien, auf die in der internationalen bioethischen Debatte immer wieder zurückgegriffen wird: dem Respekt vor der Autonomie, der Nichtschädigung, dem Wohltun und der Gerechtigkeit (Beauchamp/Childress 2001: 12 f.).

In den repräsentativen Äußerungen zur Digitalethik rückt das *Wohltun* an die erste Stelle. Es konkretisiert sich in der Förderung des Wohlbefindens der Menschen, der Achtung ihrer Würde und der Bewahrung des Planeten Erde.

Das Prinzip der *Nichtschädigung* ist von vergleichbar hohem Rang. Denn die digitale Intelligenz enthält vielfältige Möglichkeiten der Übernutzung und der Fehlnutzung. Von vorrangiger Bedeutung sind die Gefahren für die Privatsphäre. Gefordert wird insbesondere für jeden Einzelnen eine vollständige Transparenz im Blick auf die Frage, welche persönlichen Daten in Anspruch genommen und wie sie genutzt werden. Erwähnt werden auch andersartige Gefahren, insbesondere neue Formen des Wettrüstens und die automatische, nicht von Menschen gesteuerte Weiterentwicklung von digitaler Intelligenz.

Eine Schlüsselbedeutung kommt dem Prinzip der *Autonomie* zu: Es erfordert vollständige Transparenz im Blick auf die Frage, welche Entscheidungen dem Menschen vorbehalten bleiben und welche an eine digitale Intelligenz abgetreten werden können. Die Aufgabe besteht also darin, die menschliche Autonomie zu fördern und die «Autonomie» digitaler Systeme zu kontrollieren. Bedauerlicherweise wird in der Studie AI4People darauf verzichtet, statt von der Autonomie von der Automatisierung digitaler Systeme zu sprechen.

Gerechtigkeit schließlich bedeutet im Umgang mit digitalen Systemen vor allem, Wohlfahrt zu fördern und Solidarität zu bewahren. Die Überwindung von Diskriminierung, die Bereitschaft, den Nutzen der Digitalisierung mit anderen zu teilen, und die Vermeidung sozialer Verwerfungen treten in den Vordergrund.

Über diese Prinzipien hinaus, die durch die bioethische Debatte vertraut und weithin anerkannt sind, wird in den ethischen Debatten zur digitalen Intelligenz ein neues Prinzip vorgeschlagen, nämlich die *Erklärbarkeit (explicability)* der digitalen Intelligenz. Ohne einen transparenten Zugang, der digitale Geräte und Prozesse verständlich und nachvollziehbar macht, kann niemand für die Nutzung dieser Geräte und Prozesse Verantwortung übernehmen. Die vier Prinzipien des Nichtschädigens, des Wohltuns, der Autonomie und der Gerechtigkeit sind nicht nur Ansprüche der Nutzerinnen und Nutzer, sondern zugleich Verpflichtungen, die für alle gelten, die digitale Geräte nutzen und an digitalen Prozessen beteiligt sind. Bei der Erklärbarkeit handelt es sich also um eine unentbehrliche Voraussetzung für eine Ethik des verantwortlichen Umgangs mit der Digitalisierung.

Ist dies die einzige Ergänzung, die über die klassischen, zunächst für die Bioethik entwickelten vier Prinzipien hinaus notwendig ist? Eine weitere Ergänzung sei noch hinzugefügt. Auf sie stößt man, wenn man sich die Frage stellt, wie angesichts der zu erwartenden Weiterentwicklung digitaler Instrumente deren Charakter als intelligente Assistenz des Menschen gewahrt werden kann. Der estnische Physiker und Programmierer Jean Tallinn, der unter anderem die Software für das Internet-Telefonie-Programm Skype entwickelt und das Centre for the Study of Existential Risk an der Universität Cambridge mitbegründet hat, antwortet auf diese Frage mit dem Prinzip der *Unterbrechbarkeit* (Sendler 2016). Dieses Prinzip ist aus der Alltagserfahrung vertraut. Nur wer selbst darüber verfügt, wann er technische Instrumente benutzt und wann nicht, behält die Herrschaft über sie. Er muss also die Möglichkeit haben, die Arbeit mit ihnen zu unterbrechen. Besonders dringlich ist die Unterbrechbarkeit bei hochautomatisierten – oder, wie manche sagen, «autonom» agierenden – Maschinen. Sie spielt auch in der Praxis der Arbeit am Computer eine große Rolle: Ein Programm wird unterbrochen, während ein anderes genutzt wird, und kann wieder aufgenommen werden, wenn die Arbeit mit dem zweiten beendet ist.

In einer Zeit, in der mit Hochdruck an der Entwicklung einer KI gearbeitet wird, die der menschlichen Intelligenz nahekommt oder ihr gar überlegen sein soll, scheint das Prinzip der Unterbrechbarkeit noch in einer anderen Weise von Bedeutung zu sein. Die Entwicklung von bestimmten Programmen und deren Nutzung unterbrechen zu können, ist eine unentbehrliche Voraussetzung dafür, dass menschliche Verantwortung weiterhin wahrgenommen werden kann. Nur unter dieser Voraussetzung besteht eine zureichende Chance dafür, die Entwicklung der digitalen Intelligenz so zu steuern, dass die Maschine dem Menschen dient und nicht der Mensch der Maschine.

Medizin als Beispiel

Die Geschichte der Neuzeit ist ohne die sprunghaften Fortschritte der Medizin nicht zu verstehen. Sie reichen von der Bekämpfung von Infektionen bis zur Substitution von Organfunktionen und der Transplantation von Organen. Mit den Fortschritten der Genetik bis hin zur Genomchirurgie und dem Einsatz digitaler Techniken für Diagnose wie Therapie tun sich ungeahnte weitere Möglichkeiten auf.

Die Lebenswissenschaften insgesamt sind von einer Dynamik erfasst, die den Fortschritt auch auf die natürliche Umwelt anwendet. Insbesondere für den Menschen in seiner körperlichen Existenz soll gelten, dass er auf Vervollkommnung angelegt und zu ihr befähigt ist. Bis vor kurzem richteten sich solche Vorstellungen vor allem auf Maßnahmen des Enhancement, also der Steigerung im Menschen vorhandener Anlagen. Doch inzwischen gehen die Erwartungen weit darüber hinaus. Mit Hilfe der Genomchirurgie und der Verbindung von Mensch und Maschine soll eine neue Stufe menschlichen Lebens erreicht werden.

Bescheidenere Vorhaben richten sich darauf, umfassende Gesundheitsvorsorge und Pflege mit technischen Mitteln weiterzuentwickeln. Zu ihnen gehört die Entwicklung von Pflegerobotern, die nicht nur für die technische Pflege, sondern auch für die soziale Betreuung der Patienten zuständig sind. Je perfekter sie aus der Mimik der Patienten deren Emotionen ablesen können, so die Hoffnung, desto präziser wird ihre Fähigkeit, sich in die Patienten einzufühlen.

Interessanterweise beschäftigen sich solche Studien nur mit

der Frage, ob digitale Intelligenz die Emotionen von Menschen erkennen kann. Unberücksichtigt bleibt, dass menschliche Kommunikation Partner braucht, die ihrerseits Emotionen haben und nicht nur simulieren. Übergangen wird dabei, dass menschliche Emotion und damit auch die Sexualität des Menschen darauf angewiesen ist, auf die Emotion und sexuelle Empfänglichkeit eines anderen Menschen zu treffen. Ähnlich wie bei der Angst, dass digitale Intelligenz die natürliche Intelligenz des Menschen überbieten kann, wird vergessen, dass der Mensch ein leibliches Wesen ist. Ebenso wie es menschliche Existenz nicht körperlos gibt, sind auch die Emotionen an den lebendigen Leib des Menschen gebunden. Körperlose Emotionsimitate lassen sich damit nicht vergleichen.

So wie man in früheren Phasen von Wissenschaft und Technik den Menschen als Dampfmaschine, als Tier oder als Produkt seiner genetischen Dispositionen verstand, so verführt die Faszination durch die Digitalisierung dazu, den Menschen als eine Ansammlung von Algorithmen, also von digital abbildbaren Mustern anzusehen. Nach der Entdeckung der Dampfmaschine tendierte man dazu, den menschlichen Körper wie eine Dampfmaschine zu verstehen, von Leitungen durchzogen, durch die Antriebsenergie in die Maschine Mensch gepumpt wurde. Als man sich mit der tierischen Herkunft des Menschen vertraut machte, verstand man den Menschen als Tier, dessen Instinkte am Überleben orientiert waren. Sieger waren die am besten an die Umwelt angepassten Exemplare. Ein sozialdarwinistisches Denken mit all seinen kriegerischen Konsequenzen war die Folge. Als man die genetische Ausstattung des Menschen zu verstehen begann, ließ man sich dazu verleiten, die Genetik deterministisch für das weitere Geschick der menschlichen Person verantwortlich zu machen. Man überging alle lebensgeschichtlichen Faktoren, von denen Gesundheit und Krankheit mitgeprägt werden. Gegenwärtig wird nicht nur die

Gesellschaft digital interpretiert, wie es der Soziologe Armin Nassehi in seinem Buch *Muster* auf verstörend musterhafte Weise getan hat, sondern auch der Mensch. Er wird auf funktionale Differenzierungen zurückgeführt, deren Kodierungen binär, also digital rekonstruiert werden können. In einer auf René Descartes zurückgehenden Tradition wird er auf die Fähigkeit des Denkens reduziert und als *res cogitans,* als «denkende Sache», bezeichnet.

Angesichts der erwarteten Leistungsfähigkeit digitaler Intelligenz wird die menschliche Intelligenz in zunehmendem Maß als defizitär wahrgenommen. Damit verschwinden wichtige Elemente dessen, was mit menschlicher Intelligenz gemeint sein kann. Aus dem Blick gerät insbesondere ein umfassenderes Verständnis menschlicher Besonnenheit, um einen von Johann Gottfried Herder geprägten Begriff für die Lebensbedeutung menschlicher Intelligenz zu verwenden (Jung 2009: 46–53). Besonnenheit zeigt sich darin, dass der Mensch sich über Richtung und Inhalt seines Handelns selbst Rechenschaft abzulegen vermag. Verloren geht in einer reduktionistischen, computergleichen Auffassung vom Menschen auch das Verständnis für seine Leiblichkeit, die mit seiner Geburtlichkeit unmittelbar verbunden ist.

Hannah Arendts Vorschlag, die Geburtlichkeit als den Dreh- und Angelpunkt des Menschenbilds überhaupt zu verstehen, verdient gerade heute die Aufmerksamkeit von Medizinerinnen und Medizinern. Dem Menschen ist das Leben gegeben, bevor er es selbst gestalten kann; deswegen ist die Geburtlichkeit die Voraussetzung aller menschlichen Aktivität. Und die Anerkennung des Rechts, Rechte zu haben, ist die Voraussetzung für die Zugehörigkeit zu einer menschlichen Gemeinschaft. Heute ist es an der Zeit, den Zusammenhang von menschlicher Aktivität und Sozialität mit der Geburtlichkeit ins Bewusstsein zu heben. Ebenso sollte bewusst bleiben, dass menschliche Zuwendung und Sexualität des anderen Menschen bedürfen, der nicht mit einem Sexroboter zu verwechseln ist.

Solche kritischen Überlegungen zu aktuellen Auswüchsen ändern nichts an den großen Hoffnungen auf weitere Fortschritte der Medizin, die sich vor allem aus der Weiterentwicklung der Genetik einschließlich der Genomchirurgie und der Digitalisierung im Bereich der Medizin ergeben mögen. Eine hohe Bedeutung haben solche Fortschritte insbesondere im Bereich der Früherkennung und der Prophylaxe von Erkrankungen. Krebsforscher weisen heute darauf hin, dass ein sehr erheblicher Anteil der Krebserkrankungen vermieden oder in einem frühen Stadium behoben werden könnte, wenn das Aufspüren der genetischen Disposition sowie Früherkennung und Prophylaxe konsequent weiterentwickelt und angewandt würden. Doch einstweilen muss man feststellen, dass der Einsatz von Forschungsmitteln für diesen Bereich weit hinter der möglichen vorbeugenden Wirkung zurückbleibt. Wenn man nach den Gründen für diese Diskrepanz fragt, erhält man eine schlichte Antwort. Sie heißt mit einem berühmten Slogan aus Bill Clintons Wahlkampf im Jahr 1992: *It's the economy, stupid.*

Von vergleichbarem Gewicht wie die Früherkennung von Erkrankungen ist die Auswertung aktueller Diagnosen und die Auswahl von Therapiemöglichkeiten. Dafür sind «Clinical Decision Support Systems» (CDSS) von großer Bedeutung. Diese Datenverarbeitungssysteme haben die Aufgabe, Ärztinnen und Ärzte bei ihren Entscheidungen zu unterstützen. Die Zentrale Ethikkommission bei der Bundesärztekammer hat 2021 den aktuellen Stand und mögliche Weiterentwicklungen dieser Unterstützungssysteme beschrieben. In transparenter Weise hat sie klargestellt, welche Voraussetzungen für deren Nutzung auf der Mikro-, der Meso- und der Makroebene gewährleistet sein müssen. Die Nutzung solcher Instrumente ändert nichts daran, dass die Autonomie des ärztlichen Personals wie der Patientinnen und Patienten gewahrt sowie die ärztliche Verantwortung und Patientenkommunikation ungeteilt wahrgenommen werden müssen. Die Einrichtungen, in denen solche Instrumente eingesetzt werden, müssen für die nötigen technischen, ethischen und rechtlichen Prüfverfahren Sorge tragen. Auf staatlicher Ebene muss die «rechtliche Einhegung intelligenter Medizinprodukte» gewährleistet werden (Zentrale Ethikkommission 2021: A5). Besonders ist auf Diskriminierungsrisiken zu achten, die unerkannt in den verwendeten Algorithmen als *bias* enthalten sein können. Solche unerkannten Vorurteilselemente können nicht nur bei digitaler Rechtsprechung, sondern auch bei digitaler Medizin eine Rolle spielen. Je anspruchsvoller digitale Unterstützungssysteme sind, desto wichtiger ist es, dass deren Gebrauch sowie die Auswertung der Ergebnisse ärztlich verantwortet und kommuniziert werden.

Das gilt auch, wenn für Therapieentscheidungen ein *digital twin* eingesetzt wird. Dessen Nutzung scheint insbesondere als Ergänzung oder gar als Ersatz für eine Patientenverfügung attraktiv zu sein. In dem Maß, in dem ein solcher «digitaler Zwilling» nicht nur Informationen über vergangene Therapien, sondern auch über die durch sie ausgelösten Reaktionen der Patientin oder des Patienten erfasst, kann man daraus möglicherweise Folgerungen für eine anstehende medizinische Behandlung ableiten. Doch auch in einem solchen Fall muss gelten, dass dem Grundsatz der Patientenautonomie der Vorrang vor den Auswertungen digitaler Informationen zukommt. Wenn ein Patient nicht mehr für sich sprechen kann, ist eine Vertrauensperson wichtiger als ein *digital twin*.

Der Einsatz digitaler Mittel zur Früherkennung von Erkrankungen, zur Diagnostik und zur Suche nach optimalen therapeutischen Maßnahmen beruht in erheblichem Umfang auf der Sammlung und Nutzung von Gesundheitsdaten. Denn je größer die Zahl von Vergleichsfällen ist, desto präziser lässt sich der Charakter des Einzelfalls bestimmen und das relativ beste therapeutische Vorgehen auswählen. Gesundheitsdaten werden jedoch nicht nur in diagnostischen und therapeutischen Zusammenhängen gesammelt. Viele Menschen beschäftigen sich täglich, sei es aus Gründen der Fitness oder der Prophylaxe, mit den auf ihren *wearables* erfassten Daten.

Bei der Weitergabe von gesundheitsrelevanten Daten schätzen viele den individuellen Nutzen und gegebenenfalls auch einen altruistischen Vorteil für andere höher ein als die mögliche Beeinträchtigung der informationellen Selbstbestimmung. Doch diese positive Wahrnehmung gerät ins Wanken, sobald von solchen Daten negative Auswirkungen für den Datengeber selbst befürchtet werden, sei es beispielsweise im Blick auf Versicherungsprämien oder auf Terminvergaben in Arztpraxen und Krankenhäusern. Ob die Befürchtungen im Einzelfall begründet sind, ist dabei oft nicht entscheidend. Die Intensität von Befürchtungen hängt keineswegs nur mit der Wahrscheinlichkeit des Befürchteten zusammen.

Es ist deshalb eine sehr anspruchsvolle Perspektive, wenn der Deutsche Ethikrat diese Problematik unter dem Leitgedanken der «Datensouveränität als informationeller Freiheitsgestaltung» erörtert (Deutscher Ethikrat 2018). Von den Datengebern wird die Fähigkeit zu einem souveränen Umgang mit ihren Daten und die Urteilskompetenz im Blick auf die angestrebten oder denkbaren Nutzungen erwartet. Von den Datennehmern wird vollständige Transparenz im Blick auf den Gebrauch der Daten ebenso verlangt wie die Information über spätere Rückgriffe auf sie. Die Fähigkeit der Datengeber zur Datensouveränität setzt nicht zuletzt entsprechende Bildungsbemühungen voraus. Dieses Thema gehört deshalb in den Kanon der schulischen und beruflichen Bildung wie der Erwachsenenbildung und der beruflichen Fortbildung. Besondere Anforderungen entstehen in diesem Zusammenhang im Blick auf Kinder und Jugendliche, auf vulnerable Gruppen und Individuen sowie auf Menschen, deren Einwilligungsfähigkeit eingeschränkt ist.

Die technischen Möglichkeiten und die erhofften gesundheitlichen Auswirkungen, die sich mit der Sammlung von Gesundheitsdaten verbinden, sind groß. Entsprechend anspruchsvoll sind die Aufgaben der rechtlichen und politischen Gestaltung. Von besonderem Gewicht ist die transparente und verantwortliche Nutzung der freigegebenen Daten. Vor allem aber muss jede und jeder Einzelne lernen, in diesem Bereich von der eigenen Freiheit einen angemessenen Gebrauch zu machen. Andernfalls bleibt die Vorstellung von der Datensouveränität als informationeller Freiheitsgestaltung ein Wunschtraum.

7. DIE WÜRDE DES MENSCHEN IM DIGITALEN ZEITALTER

Kränkungen oder Revolutionen

Was in Goethes Faust-Drama die Hexenküche ist, das ist in dem zeitgenössischen Faust-Roman von Thea Dorn *Die Unglückseligen* der siebente Weltkongress der Immortalisten. Bevor der König der Immortalisten auftritt, wird auf einer großen Leinwand das bisherige Geschick der Menschen bildlich dargestellt: Wie Blumen erblühen sie, um zu verwelken. Mit der Botschaft des Immortalistenkönigs lösen sich diese Bilder auf. Seine Parole, vom Kongress alsbald aufgenommen, heißt: «Tod dem Alter! Tod dem Sterben! Tod dem Tod!» Die Kritik an der Hoffnung auf eine selbstgemachte Unsterblichkeit weist er unter Berufung auf die Geschichte des Fortschritts zurück: «Wir haben nicht vergessen, dass es einmal Zeiten gab, in denen der Mann, der den Mut hatte zu verkünden, dass nicht die Sonne sich um die Erde, sondern die Erde sich um die Sonne dreht, um sein Leben bangen musste! In denen der Mann, der erkannt hat, dass wir nicht von Gott, sondern vom Affen abstammen, des Wahnsinns bezichtigt wurde! In denen der Mann, der versprach, den Menschen zum Mond fliegen zu lassen, sich als Traumtänzer verspotten lassen musste! In denen der Mann, der prophezeite, dass die Kinderlähmung eines Tages besiegt sein wird, als Scharlatan verschrien war!» (Dorn 2017: 189 f.)

Auf paradoxe Weise wird die Unsterblichkeitsphantasie, um

die das Faust-Motiv kreist, in den beiden Hauptpersonen des Romans gespiegelt. Die junge Molekularbiologin Johanna Manet, die sich die wissenschaftliche Abschaffung der Sterblichkeit zum Ziel gesetzt hat, begegnet in einem amerikanischen Supermarkt dem Physiker Johann Wilhelm Ritter, der im Jahr 1776 in Schlesien geboren wurde und die Jahrhunderte in geheimnisvoller Alterslosigkeit überdauert hat. Ist er ein Bürge für das, was sie sucht? Es ist das Verlangen nach Unsterblichkeit, das beide zusammenführt. Schließlich brechen sie ihr gemeinsames Experiment ab, auch noch im Tod miteinander vereint – «die Unglückseligen», wie der Romantitel sie nennt. Gemeinsam gehen sie ins Wasser. Im Nachspiel reklamiert der Teufel das letzte Wort für sich: «Wend ich den Blick nach Westen weit und nach dem fernen Osten hin, so bangt mir nicht um meinen Sieg. Dort seh ein Heer von Menschen ich, das höchste Lust an den Maschinen. Verschmelzen werden sie damit. ... Mein Reich, das alles übersteigt, was je zuvor der Mensch vollbracht – in Schönheit, Glanz und Kälte bricht es an.» (Dorn 2017: 552)

Bewusstes Ergreifen der Endlichkeit und trotziges Bestehen auf der Unsterblichkeit in der Verbindung von Mensch und Maschine werden durch die Verwendung eines Anakoluths noch verstärkt: «Dort seh ein Heer von Menschen ich, das höchste Lust an den Maschinen. Verschmelzen werden sie damit.» Leserinnen und Leser sollen sich zwischen den beiden Optionen von akzeptierter Endlichkeit und selbstgewählter Unsterblichkeit einen Weg bahnen.

Die Charakterisierung des Fortschritts, mit der Thea Dorn in ihrem Roman arbeitet, ist nahe verwandt mit derjenigen, die der Philosoph Luciano Floridi seiner Technikphilosophie zu Grunde legt (Floridi 2015: 121–137). Den drei wichtigen neuzeitlichen Einschnitten für das menschliche Selbstbewusstsein, die Sigmund Freud in einem Aufsatz aus dem Jahr 1917 noch als die großen Kränkungen des naiven Narzissmus betrachtete, stellt

Floridi einen weiteren Einschnitt zur Seite. Alle vier Einschnitte bezeichnet er als «Revolutionen».

Freud sah sich zu seiner Überlegung durch die Widerstände veranlasst, die sich gegen die Psychoanalyse erhoben. Er erklärte sie damit, dass der naive Narzissmus des Menschen sich gegen die Vorstellung wehre, der Mensch sei nicht «Herr im eigenen Haus»; denn die Psychoanalyse konfrontierte ihn damit, dass wichtige innere Konflikte, die in der Regel mit der Spannung zwischen Sexualtrieb und Selbsterhaltungs- oder Ichtrieb zusammenhängen, ihm selbst nicht bewusst seien, sondern erst durch die Analyse ins Bewusstsein gehoben würden. Die Gegenwehr gegen die Psychoanalyse ist also nicht intellektueller, sondern affektiver Art; sie entsteht aus dem Versuch, eine Kränkung abzuwehren.

Vergleichbare Kränkungen, so fügte Freud zum besseren Verständnis hinzu, seien dem modernen Menschen in der Entwicklung der neuzeitlichen Wissenschaft schon früher begegnet. Sein erstes Beispiel dafür ist die Überwindung des geozentrischen Weltbilds. Es hatte den Menschen glauben lassen, «dass sich sein Wohnsitz, die Erde, ruhend im Mittelpunkt des Weltalls befinde, während Sonne, Mond und Planeten sich in kreisförmigen Bahnen um die Erde bewegen». Seine Sinneswahrnehmungen ließen sich leicht mit dieser naiven Vorstellung vereinbaren, «denn eine Bewegung der Erde verspürt er nicht, und wo immer er frei um sich blicken kann, findet er sich im Mittelpunkt eines Kreises, der die äußere Welt umschließt» (Freud 1986: 7). Die damit verbundene Neigung, sich als Herr dieser Welt zu fühlen, wurde durch Kopernikus und seine erfolgreiche Proklamation des heliozentrischen Weltbilds zerstört.

Auf diese kosmologische Kränkung folgte eine weitere Enttäuschung, die sich auf die Sonderstellung des Menschen gegenüber der Tierwelt bezieht. Mit Charles Darwins Evolutionstheorie wurde diese Sonderstellung in Frage gestellt. Die

Vernunftbegabung des Menschen oder die Unsterblichkeit der Seele konnten nun nicht mehr gegen die tierische Herkunft der Menschengattung ausgespielt werden. Freud legte in diesem Zusammenhang Wert auf die Feststellung, dass weder in der Gattungsgeschichte der Menschheit noch in der Lebensgeschichte der Einzelnen eine solche Sonderstellung selbstverständlich sei. Erst im Lauf der Zeit entfernen die Menschen sich von ihrer Nähe zu den Tieren. An der Veränderung des kindlichen Verhaltens gegenüber Tieren lässt sich das verdeutlichen. Kinder finden es nicht anstößig, Tiere in ihren Spielen sprechen zu lassen und sich mit ihnen auf eine Stufe zu stellen. Erst Heranwachsende lassen die Idee einer Ebenbürtigkeit von Mensch und Tier hinter sich und verwenden Tiernamen, um andere Menschen herabzuwürdigen.

Der kosmologischen und der biologischen Kränkung des menschlichen Narzissmus trat schließlich, so Freuds These, die psychologische Kränkung zur Seite. Sie trifft das menschliche Selbstbewusstsein an einer besonders empfindlichen Stelle. Wenn seelische Vorgänge nicht in jedem Fall bewusst sind, gibt es auch keine Möglichkeit, sie durch den eigenen Willen zu steuern. Die Theorie des Unbewussten weckt grundsätzliche Zweifel an der Freiheit des Menschen.

Wollte man Freuds Theorie in die Gegenwart verlängern, so könnte man die modernen Informations- und Kommunikationstechnologien als eine vierte Kränkung des menschlichen Narzissmus ansehen. Denn nun, so ließe sich folgern, wird die Sonderstellung des Menschen an einer anderen, nicht minder zentralen Stelle in Zweifel gezogen. Wenn Maschinen eine eigenständige Intelligenz zugetraut wird, liegt die Vorstellung nahe, dass sie auch zu eigenständigem Handeln in der Lage sind. Sie sind dann, so lässt sich folgern, zu ihrer Steuerung nicht mehr auf Regeln angewiesen, die von Menschen für sie entwickelt und festgelegt werden. Die weitere Entwicklung führt vielmehr dazu, dass sie sich solche Regeln selbst geben. Sie beanspruchen ihrerseits Autonomie, also Selbstgesetzgebung. Damit aber erwächst dem Menschen nicht nur eine gefährliche Konkurrenz im Blick auf seine Sonderstellung als Vernunftwesen; noch beunruhigender ist, dass seine Sonderstellung als autonomes, selbstbestimmtes Wesen fraglich wird. Was geschieht, wenn autonome technische Wesen sich gegen den Menschen richten, wenn lernende Algorithmen den Rang des Menschen ignorieren, wenn eine Superintelligenz die menschliche Intelligenz in den Schatten stellt und damit eine neue Art von «Singularität» – etwas analogielos Neues – auftritt?

Doch von einer weiteren Kränkung spricht Floridi nicht. Er betrachtet die von Sigmund Freud beschriebenen Kränkungen insgesamt als Revolutionen, entscheidend ist die Bedeutung dieser Entdeckungen für den Siegeszug der neuzeitlichen Wissenschaft. Freuds Bedeutung rückt er in diesen Zusammenhang. Die Leistung des Wiener Psychoanalytikers sieht er darin, den Vorrang des menschlichen Denkens sogar auf das Unbewusste des Menschen anzuwenden. Das in diesem Fall besonders markante Kränkungspotential überspielt er mit dem Angebot, man könne heute die Psychoanalyse durch die zeitgenössischen Neurowissenschaften ersetzen, deren revolutionäre Rolle noch viel offensichtlicher sei.

Die Uminterpretation der drei Freud'schen «Kränkungen» zu «Revolutionen» bildet die Voraussetzung für die Einordnung der digitalen Innovation in die Geschichte der wissenschaftlichen Revolutionen. Für sie macht Floridi die explosionsartige Entwicklung der digitalen Informations- und Kommunikationstechnologien verantwortlich. Sie laufen auf eine Einheit von Mensch und Maschine zu, die keineswegs nur eine Zukunftsvision, sondern in erheblichem Umfang bereits Realität sei. Nahezu jeder Mensch trägt heute einen Gegenstand bei sich, durch den er mit dem Internet verbunden ist. Allgegenwärtige *wearables* lassen die Trennung zwischen *online* und *offline* schwinden. Wir leben unser analoges Leben in einer Umgebung, die durch Informations- und Kommunikationstechnologien geprägt ist. Es gibt kaum noch einen Raum, in dem wir nicht von dieser Infosphäre umgeben sind. In ihr entstehen *online* entwickelte Persönlichkeitsprofile, die auf den analogen Alltag zurückwirken. Das Resultat ist ein Leben, das Floridi in Anspielung auf die Unterscheidung zwischen *online* und *offline* «*onlife*» nennt: ein mit beständig aktivierten digitalen Geräten verschmolzenes Leben.

Weit stärker noch als ihre Vorgängerinnen wirft diese Revolution somit die Frage nach dem Menschenbild auf. Lässt sich der Mensch, dessen Lebensraum zur Infosphäre geworden ist, der sich selbst immer stärker als Cyborg wahrnimmt und ein *onlife* führt, noch an den herkömmlichen anthropologischen Maßstäben messen? Sind die Vorstellungen vom Menschen als Ebenbild Gottes, als sprachbegabtem Tier, als einem Wesen, das durch seine Vernunft aus den anderen Lebewesen herausgehoben ist, als einem Akteur, der für seine Taten verantwortlich ist und dessen Handeln auf der wechselseitigen Anerkennung gleicher Würde beruht – sind solche Vorstellungen noch tragfähig und der Realität angemessen?

Transhumanismus und Posthumanismus

Die digitale Revolution hat maßgeblich zur Popularisierung von Bewegungen beigetragen, die dem in den westlichen Kulturen vorherrschenden Menschenbild den Abschied geben wollen. In Anknüpfung an den biblischen Schöpfungsglauben hatte sich in diesen Kulturen die Vorstellung von einer unantastbaren Würde des Menschen entwickelt, die auch unabhängig von religiösen Voraussetzungen vertreten und dann häufig als Humanismus bezeichnet wird. Die Forderung, dass dieser Humanismus überboten und überwunden werden muss, wird vor allem von den Bewegungen des Transhumanismus und des Posthumanismus erhoben. In der Vorstellung von einer Ablösung der Gattung Homo sapiens durch eine Gattung Homo deus, wie sie der israelische Historiker Yuval Noah Harari vertritt, erreichen solche Überlegungen gegenwärtig einen Höhepunkt.

Der Mensch muss sich selbst überschreiten, um sich zu retten: Das ist die Botschaft eines technologisch geprägten Transhumanismus. Der Begriff geht auf Julian Huxley zurück, einen britischen Evolutionsbiologen und Schriftsteller, der nach dem Zweiten Weltkrieg Mitbegründer der UNESCO und 1946 bis 1948 deren erster Generalsekretär war. Er vertrat eine Weltanschauung, die Eugenik und Atheismus miteinander verband. Den Transhumanismus verstand er als einen Glauben, demzufolge die Menschheit sich überschreiten kann, ohne sich selbst aufzugeben: *«man remaining man, but transcending himself, by realizing new possibilities of and for his human nature»* (Loh 2018: 35). Unter diesen neuen Möglichkeiten trat mit der dynamischen Entwicklung der Lebenswissenschaften in den letzten Jahrzehnten die Vervollkommnung des Menschen durch Enhancement in den Blick. Inzwischen werden durch die genomchirurgischen Möglichkeiten der CRISPR-Cas-Methode weiter reichende Erwartungen geweckt. Von ebenso großer Bedeutung ist die Verbindung von Mensch und Maschine, beispielsweise in der Verknüpfung von menschlichem Gehirn und digitaler Intelligenz. Der Einsatz wissenschaftlicher Mittel zur radikalen Verbesserung der genetischen Ausstattung, der gesundheitlichen Resilienz und der individuellen Leistungsfähigkeit nährt die Hoffnung auf eine radikale Lebensverlängerung, die sich immer wieder der Vorstellung menschlicher Unsterblichkeit annähert. Bei manchen Transhumanisten wird als Zwischenstufe zwischen Endlichkeit und Unsterblichkeit die Kryonik in den

Blick genommen. Bei diesem Verfahren werden menschliche
Körper oder Körperteile bei minus 196 Grad Celsius in flüssi-
gem Stickstoff vereist und warten in diesem Zustand auf den
Zeitpunkt, zu dem die wissenschaftlichen Bedingungen für ein
unbegrenztes Weiterleben geschaffen sein werden (Loh 2018:
48).

Das Ziel einer Aufhebung des Alterungsprozesses und eines medizinisch ermöglichten unbegrenzten Lebens steht allerdings in Spannung zu der transhumanistischen Grundvorstel-
lung, dass der Mensch menschlich bleibt, indem er sich transzendiert. Unvereinbar sind solche Unsterblichkeitserwartungen
zumindest für ein Menschenbild, in dem die Geburtlichkeit ein
zentrales Merkmal des Menschseins bildet. Hannah Arendt hat
die «Todlosigkeit einer in sich selbst schwingenden Natur» als
einen Zustand beschrieben, in dem verantwortliches Handeln
unmöglich ist (Arendt 1985: 242). Denn dieses Handeln setzt
Akteure voraus, zu deren Existenz Anfänglichkeit und damit
Endlichkeit gehören. Arendt sieht im «Wunder» der Natalität,
der Geburtlichkeit (oder, wie sie wörtlich sagt: der «Gebürtlich-
keit»), «die ontologische Voraussetzung dafür ..., dass es so etwas wie Handeln überhaupt geben kann» (243). Hans Jonas hat
diesen Gedanken durch den Hinweis verstärkt, wer den Tod ab-
schaffen wolle, müsse auch auf die Fortpflanzung verzichten.
Das führe zu einer «Welt von Alter ohne Jugend, und von schon
bekannten Individuen ohne die Überraschung solcher, die nie
zuvor waren». Die «größere Ansammlung verlängerter Erfahrung» könne niemals den Verlust aufwiegen, dass es nieman-
den mehr gebe, der die Welt «zum ersten Mal und mit neuen
Augen» sieht. Wie für Arendt ist für Jonas ein Bewusstsein für
die Endlichkeit des eigenen Lebens eine unerlässliche Voraussetzung für verantwortliche Existenz; sie ist unentbehrlich als
«Antrieb, unsere Tage zu zählen und sie zählen zu machen»
(Jonas 2015: 53).

Indem bereits im Transhumanismus Vorstellungen entwickelt werden, die Geburtlichkeit und Tod, Anfänglichkeit und Endlichkeit des menschlichen Lebens in Frage stellen, verliert die Unterscheidung zwischen Transhumanismus und Posthumanismus an Trennschärfe. Im Selbstverständnis beider Denkweisen besteht der Unterschied darin, dass der Posthumanismus mehr im Sinn hat als eine Vervollkommnung der Gattung Homo sapiens. Er zielt auf eine neue Gattung. Auf zwei unterschiedliche Weisen wird das angestrebt: durch einen technologischen Posthumanismus einerseits, einen kritischen andererseits.

Der technologische Posthumanismus hat seine zeitgenössische Gestalt parallel zu den Überlegungen über «Künstliche Intelligenz» gewonnen. Soweit diese auf eine Superintelligenz hinführt, die der menschlichen Intelligenz nicht nur ebenbürtig ist, sondern sie überholt, halten es technologische Posthumanisten für unausweichlich, dass der Homo sapiens durch eine nachmenschliche Gattung abgelöst wird.

Von einem solchen technologischen Posthumanismus wird ein kritischer Posthumanismus unterschieden (Loh 2018: 130 ff.). Für ihn ist die Forderung kennzeichnend, die Anthropozentrik des Menschenbilds hinter sich zu lassen. Dieser Posthumanismus knüpft häufig an Michel Foucault und postmoderne Philosophen wie Jacques Derrida und Jean-François Lyotard an. Die Vertreter dieser Denkweise pflegen Humanismus und Anthropozentrik gleichzusetzen und proklamieren deshalb mit ihrer Kritik der Anthropozentrik zugleich den Abschied vom humanistischen Menschenbild. Dabei machen sie keinen Unterschied zwischen einer Anthropozentrik der Interessen, die das Handeln der Menschen allein an dem orientiert, was dem Menschen zugutekommt, und einer Anthropozentrik der Verantwortung, die neben den Ansprüchen der Menschen auch die Erhaltung der nichtmenschlichen Natur als genuine Aufgabe des Menschen betrachtet.

Die Diskussion über den kritischen Posthumanismus wurde in den letzten Jahren mit aktuellen Debatten über Diskriminierungserfahrungen sexistischer und rassistischer Art verknüpft und damit zugespitzt. Feministische und postkoloniale Argumente, denen zufolge die Anthropozentrik eine von weißen Männern geprägte Haltung ist, verleihen posthumanistischen Diskursen neue Akzente. Andere Aspekte treten dagegen in den Hintergrund. So scheint der Paradigmenwechsel, der sich mit dem Klimawandel und der These vom erdgeschichtlichen Übergang zum Anthropozän verbindet, in der Debatte über den kritischen Posthumanismus keine prägende Rolle zu spielen.

Gibt es Empathie ohne Menschen?

«Keine Nostalgie für ‹den Menschen›» – in dieser Formel hat Rosi Braidotti das posthumanistische Credo zusammengefasst (Braidotti 2014: 197). Indes bleibt eine Position, die überlieferte Bilder vom Menschen hinter sich lassen will, noch in der Abstoßung an solche Bilder gebunden. Eine derartige Debattenlage erleichtert den Schritt dazu, Charakteristika, die bislang in einem exklusiven Sinn für Menschen galten, auf Maschinen zu übertragen. Das zeigt sich gegenwärtig in den intensiven Bemühungen um eine «Humanisierung» der digitalen Intelligenz.

In diesem Zusammenhang wird unter anderem die Frage aufgeworfen, ob digitale Intelligenz Emotionen erkennen kann und ihrerseits zu Emotionen, insbesondere zu Empathie, fähig ist. Catrin Misselhorn fasst ihre detaillierten Untersuchungen zu dieser Frage in der Feststellung zusammen, dass sich auf dem gegenwärtigen Stand der Technik «das subjektive Erleben, das mit menschlichen Emotionen einhergeht», nicht technisch reproduzieren lässt (Misselhorn 2021: 134). Auch für die Zukunft rechnet sie damit nicht. Gleichwohl interessiert sie sich für weiterentwickelte Formen der Pflegerobotik, die auf emotionale Schwankungen von Pflegebedürftigen stabilisierend reagieren können.

Solange diese Einschätzung gültig bleibt, kann die Unterstützung durch Pflegeroboter die menschliche Zuwendung nicht ersetzen, sondern nur ergänzen. Leidenden die mitmenschliche Teilnahme zu verweigern, wäre deshalb auch im digitalen Zeitalter das Ende der Menschlichkeit. So hoch die digitale Intelligenz von Pflegerobotern und vergleichbaren Maschinen auch eingeschätzt werden mag, ist ihnen das Verständnis für Vulnerabilität und Empathie fremd.

Wer ist autonom: Mensch oder Maschine?

Eine weitere Diskussion betrifft die Autonomie. Selbststeuernde Autos und selbstregulierende Waffen werden mit großer Selbstverständlichkeit als «autonom» bezeichnet. Doch sind sie das wirklich?

Das aus den griechischen Wörtern *autos* und *nomos* zusammengesetzte Wort *autonom* lässt sich auf Deutsch am präzisesten mit «selbstgesetzgebend» wiedergeben. Es findet sich zum ersten Mal bei dem griechischen Schriftsteller Thukydides im sechsten vorchristlichen Jahrhundert; bei ihm bedeutet es «die innere Selbständigkeit einer Stadt unter der Oberherrschaft einer anderen» (Feil 1987: 33). Es geht nicht um vollständige Unabhängigkeit, sondern um Selbstregierung im Rahmen einer umfassenderen Ordnung. Eine ähnliche Vorstellung, nun auf eine einzelne Person bezogen, lässt sich im folgenden Jahrhundert in Sophokles' Tragödie *Antigone* finden, in der es heißt, Antigone sei «autonom» in den Tod gegangen. Sie hat sich dazu entschieden, ihren Bruder beizusetzen, weil sie dies den Göttern gegenüber für richtig hält, obwohl König Kreon ihr das untersagt hat. Indem sie dieses Verbot übertritt, ist sie bereit, den Tod auf sich zu nehmen. Ihre Autonomie zeigt sich in der eigenständigen Entscheidung, mit der sie dem göttlichen Gebot den Vorrang vor dem königlichen Befehl zuerkennt.

Der griechische Ursprung des Begriffs war für dessen Wiederaufnahme in der nachreformatorischen Zeit von erheblicher Relevanz. Autonomie meint erneut nicht eine absolute Freiheit, sondern die «Freizügigkeit einer Gruppe oder auch einzelner ... unter Anerkennung einer Oberhoheit» (Feil 1987: 35). Jedoch wird das Wort in der Zeit der konfessionellen Konflikte und Bürgerkriege nur selten verwendet. Erst gegen Ende des achtzehnten Jahrhunderts begegnet der Begriff im beschriebenen politischen Sinn häufiger. Diese Bedeutung muss Immanuel Kant geläufig gewesen sein; doch neu ist bei ihm die Einführung des Begriffs in die Ethik sowie die Gegenüberstellung von Autonomie und Heteronomie.

Die Autonomie, die Kant seiner Ethik zu Grunde legt, beschreibt er in seiner *Grundlegung zur Metaphysik der Sitten* von 1785 als eine Selbstgesetzgebung, bei der sich der individuelle Wille aus Freiheit an derjenigen Maxime orientiert, «die sich selbst zugleich zum allgemeinen Gesetze machen kann» (BA 81). Autonomie ist also diejenige Bestimmung des eigenen Willens, die mit dem für alle geltenden Gesetz in Übereinstimmung steht. Heteronom dagegen ist eine Maxime, bei welcher der Wille «in der Beschaffenheit irgend eines seiner Objekte das Gesetz sucht, das ihn bestimmen soll» (BA 88). Auf solche Weise können aber nur hypothetische Imperative entstehen, die nicht um ihrer selbst willen, sondern wegen einer erhofften Wirkung befolgt werden. Moralisch dagegen ist nur ein Gesetz, das um seiner selbst willen bejaht wird und damit den Charakter eines kategorischen Imperativs trägt. Die Orientierung an der eigenen Glückseligkeit beispielsweise ist in diesem Verständnis nicht autonom, sondern heteronom. Denn diese Glückseligkeit lässt sich nicht in der Gestalt eines für alle geltenden Gesetzes, sondern nur gemäß der jeweiligen individuellen Vorstellung von einem glücklichen Leben bestimmen.

Kants Unterscheidung von Autonomie und Heteronomie ist also meilenweit von heute mit diesem Begriffspaar oft verbundenen Vorstellungen entfernt. Ihnen zufolge liegt Heteronomie dann vor, wenn man sich den normativen Vorstellungen anderer anschließt, Ausdruck von Autonomie sei es hingegen, sich nur an den eigenen normativen Vorstellungen zu orientieren. Ebenso fern liegt Kant die heutige Vorstellung, Heteronomie orientiere sich an einer externen Autorität, zum Beispiel derjenigen Gottes, Autonomie dagegen stütze sich nur auf die eigene Autorität.

Für Kant wäre es abwegig gewesen, für die Orientierung an göttlichen Gesetzen den Begriff der Theonomie einzuführen oder Theonomie mit Heteronomie gleichzusetzen. Diese Begriffskonstellation gehört in einen ganz anderen Zusammenhang und taucht erst nach Kant auf. Für ihn ist das inhaltliche Kriterium dafür, wann eine Entscheidung als autonom gelten kann, unentbehrlich. Sie ist autonom, wenn sie dem Kategorischen Imperativ entspricht, demzufolge der Einzelne nur Maximen für sein Handeln wählt, von denen er wollen kann, dass sie zum allgemeinen Gesetz werden. Der Kategorische Imperativ verpflichtet also auf verallgemeinerungsfähige Maximen. Wer solche Maximen wählt, achtet die Menschheit sowohl in sich selbst als auch in jedem andern. Der Autonomie ist gemäß, was der gleichen Würde jedes Menschen entspricht.

Theonomie steht geradezu im Dienst einer solchen Autonomie, indem sie eine «Absolutsetzung endlicher Freiheit zu verhindern» vermag, «die den Unterschied von Gott und Mensch aufhebt und darin den Terror grenzenloser Selbstdurchsetzung ermöglicht» (Graf 1987: 238). Diese konstruktive Verbindung von Autonomie und Theonomie wurde im frühen zwanzigsten

Jahrhundert insbesondere von den beiden Theologen und Philosophen Ernst Troeltsch und Paul Tillich verdeutlicht. Ernst Troeltsch prägte dafür in einer Ethik-Vorlesung von 1911/12 die bündige Formel: «Die Theonomie ist nur die Hervorhebung der im Autonomiegedanken enthaltenen religiösen Voraussetzungen.» (Joas 2020: 358) An diesen Gedanken knüpfte Paul Tillich in der geistigen und religiösen Krise nach dem Ende des Ersten Weltkriegs an. Er verstand Theonomie nicht als Gegenpol zur menschlichen Freiheit, sondern als einen unentbehrlichen Bezugspunkt dafür, der Einsicht in die Endlichkeit menschlicher Freiheit Raum zu geben. Dazu gehörte das Eingeständnis, dass jegliche Form von Selbstbestimmung an Bedingungen geknüpft ist, über welche die Menschen nicht selbst verfügen. Sich diese Bedingungen zu vergegenwärtigen, gehört zu den Voraussetzungen einer theonomen Kultur, die «in all ihren Schöpfungen die Erfahrung des Heiligen ausdrückt, d.h. eines Unbedingten in Sein und Sinn» (Tillich 1966: 288).

Freilich gab es seit dem Beginn der inzwischen zweihundert Jahre dauernden Debatte über ein angemessenes Verständnis von Autonomie immer wieder Theologen, die in der Theonomie eine vorzugswürdige Alternative zur Autonomie sahen. Manche Philosophen meinten dagegen, in ihr eine Ausdrucksform der Heteronomie zu erkennen, und sahen sich darin durch kirchliche Abwehrbewegungen gegen den Gedanken der Autonomie bestärkt. Eben dies forderte dazu heraus, Autonomie und Theonomie in einer konstruktiven Weise miteinander zu verbinden. Besonders überzeugend ist das dem Philosophen Paul Ricœur gelungen. Er verstand Theonomie als eine doppelte Verheißung, geprägt durch das Band wechselseitiger Treue zwischen Gott und Mensch; dem gegebenen Versprechen des göttlichen Beistands entspricht das erwartete Versprechen menschlicher Verantwortung (Ricœur 1996: 328). Die Grundidee der Theonomie heißt deshalb: «Liebe verpflichtet» (331).

Das Verhältnis zwischen Theonomie und Autonomie vergleicht Ricœur mit dem Verhältnis zwischen Liebe und Gerechtigkeit: So wie die Liebe nicht weniger, sondern mehr Gerechtigkeit verlangt, so mindert die Theonomie die Autonomie nicht, sondern steigert sie (333). Das Verhältnis beschränkt sich also nicht darauf, dass die Theonomie dem Missverständnis von Autonomie als verhältnisloser Selbstdurchsetzung wehrt, sondern dass sie das Verständnis von Autonomie als Verantwortung für das eigene wie für fremdes Leben stärkt.

Dieser knappe Exkurs zum Verhältnis zwischen Autonomie und Theonomie verdeutlicht, dass deren Verständnis in Philosophie und Theologie nicht einfach auf dem durch Kant geprägten Debattenstand stehen geblieben ist. Doch für einen reflektierten Gebrauch des Begriffs der Autonomie war es bisher stets Konsens, dass es sich um eine «Selbstgesetzgebung» handelt. Deshalb bezeichnet Autonomie in der Regel entweder die rechtliche Selbständigkeit eines Personenverbands innerhalb eines größeren Zusammenhangs, wofür die Autonomie Südtirols und des Trentino im Rahmen der Italienischen Republik ein gern gewähltes Beispiel ist. Oder der Begriff der Autonomie bezieht sich auf die Selbstbestimmung einzelner menschlicher Personen im Blick auf die Regeln und Werte, an denen sie ihr Leben und Handeln orientieren. So verknüpft sich der Begriff der Autonomie mit demjenigen der Freiheit. Autonomie ist von bloßer Willkür dadurch unterschieden, dass Menschen sich selbst Klarheit über die Regeln oder Werte verschaffen, nach denen sie von ihrer Freiheit Gebrauch machen wollen.

Neben den Aspekt der Autonomie tritt in neueren Debatten über eine selbstbestimmte Lebensführung derjenige der Authentizität. Denn ebenso wichtig wie die Orientierung an Normen und Werten, die aus guten Gründen verallgemeinerungsfähig sind, ist die individuelle Vorstellung von gelingendem Leben, an welcher die Einzelnen ihre persönliche Lebensführung orientieren wollen. Beides ist unmittelbar miteinander verschränkt. Um autonom zu sein, muss eine Person nicht nur verallgemeinerungsfähigen Regeln folgen, sondern sich mit ihren Wünschen, Überzeugungen und Vorhaben identifizieren können.

Die Entwicklungsschritte, in denen sich eine solche Autonomie entwickelt, vollziehen sich nicht isoliert im Innern der einzelnen Person. Sie haben vielmehr grundlegend mit Prozessen wechselseitiger Anerkennung zu tun. Selbstachtung entwickelt sich, wenn Menschen einander mit Achtung begegnen. Sowohl die Klarheit darüber, an welchen Regeln und Normen eine Person sich aus guten Gründen orientieren will, als auch die Entwicklung der Wünsche, Überzeugungen und Vorhaben, an denen sie ihre individuelle Lebensführung ausrichtet, entwickeln sich in der Regel nicht nur im inneren Dialog mit sich selbst, sondern auch in der Kommunikation mit anderen. Für das Verständnis von Autonomie ist die Einbettung in solche Kommunikationsprozesse unentbehrlich.

Die Bedeutung des Autonomiebegriffs für das Verständnis der Person muss einem bewusst sein, wenn der Begriff auf Gegenstände, zum Beispiel Maschinen mit digitaler Intelligenz, übertragen werden soll. Man mag argumentieren, der Verwendungsbereich dieses Worts habe sich eben erweitert; diese Veränderung gelte es zu akzeptieren. Eine leichthändige Verwendung des Autonomiebegriffs liegt beispielsweise dann vor, wenn «autonom» mit «unvorhersehbar» gleichgesetzt wird (BBAW 2021: 29). Muss man dann auch einen Glücksspielautomaten als «autonom» ansehen? Eine Analogie zur Autonomie des Menschen wird dann vorausgesetzt, wenn ein «autonomes» System über die «Fähigkeit zur Festlegung der eigenen Bedingungen im Hinblick auf den genauen Ablauf der beabsichtigten Funktionen» verfügt (Haagen 2021: 54). Der Jurist Christian Haagen, von dem dieser Vorschlag stammt, schränkt ihn allerdings sogleich ein, indem er die Autonomie von Systemen in «beschränkt autonom», «teilautonom» und «vollautonom» unterteilt. Dabei gilt als beschränkt autonom bereits ein Vorgang, bei dem der Mensch die Handlungsmöglichkeit auswählt, die er zur Umsetzung an das System übergibt; so betrachtet ist bereits eine automatische Gangschaltung autonom. Es ist nur folgerichtig, wenn der Autor einräumt, statt von «autonom» könne man auch von «hoch- oder vollautomatisiert» sprechen.

Schärfer müsste man sagen: So irritierend es in solchen Zusammenhängen ist, das Wort «autonom» zu verwenden, so angemessen ist es, von «automatisiert» zu sprechen. Dagegen ist es kein terminologischer Fortschritt, den Begriff der «maschinellen Autonomie» einzuführen (Dallmann 2017). Denn er ändert nichts daran, dass damit der Maschine als solcher Autonomie zugesprochen wird. Insbesondere für die beiden wichtigsten Felder, in denen der Begriff der Autonomie derzeit auf Maschinen angewandt wird, ist eine Korrektur überfällig. Es verdient eindeutig den Vorzug, statt von autonomem von automatisiertem Fahren und statt von autonomen von automatisierten Waffen zu sprechen. Im Blick auf Fahrzeuge wurde das in Deutschland bei der ersten «Systemgenehmigung» beherzigt, indem das Kraftfahrt-Bundesamt dem Autobauer Mercedes-Benz im Dezember 2021 eine solche Genehmigung für «hochautomatisiertes Fahren» erteilte (Handelsblatt, 10.12.2021). Hoffentlich fallen die Behörden nicht hinter diese Sprachregelung zurück, wenn auf diese erste Genehmigung weitere folgen.

Präzise hat der katholische Theologe Peter G. Kirchschläger den Unterschied bestimmt, der in diesem Zusammenhang zu beachten ist: Es geht nicht darum, die in Maschinen möglicherweise vorhandene moralische Fähigkeit zu bestreiten. Denn sie können in einer Weise programmiert oder trainiert sein, die ethischen Prinzipien und Regeln entspricht. Doch sie selbst können diese Prinzipien oder Regeln nicht erkennen und festlegen; sie verfügen nicht über eine eigene ethische Fähigkeit und können deshalb die Qualität von ethischen Prinzipien oder Regeln nicht eigenständig beurteilen. Daraus folgert Kirchschläger: «This is why, for example in the area of automation of mobility, the term ‹autonomous vehicle› should be avoided and be replaced by ‹automated vehicle› or ‹self-driving vehicle›: Deshalb sollte zum Beispiel im Bereich automatisierter Mobilität der Begriff des autonomen Fahrzeugs vermieden und durch ‹automatisiertes› Fahrzeug oder ‹selbststeuerndes› Fahrzeug ersetzt werden.» (Kirchschläger 2021: 87)

Dieser Vorschlag verdient Unterstützung, auch wenn er sich nicht leicht durchsetzen lässt. Zu selbstverständlich – um nicht zu sagen: gedankenlos – hat man sich daran gewöhnt, das Wort «autonom» als Bezeichnung eines hochautomatisierten Systems zu verwenden. Auch wenn man, wie dies in neueren Veröffentlichungen der Fraunhofer-Gesellschaft geschieht, zwischen automatisierten und autonomen Systemen differenziert, bleibt der Gesichtspunkt der «Selbstgesetzgebung» bei dieser Unterscheidung außer Betracht. Vielmehr besteht der Unterschied lediglich darin, dass ein automatisiertes System noch auf bestimmte Impulse eines menschlichen Akteurs angewiesen bleibt, während das autonome System ohne einen menschlichen Ermöglicher auskommt. Das kann zum Beispiel durch die Vernetzung verschiedener technischer Systeme geschehen; eine solche Konstellation wird dann als «offenes autonomes System» bezeichnet. Zu dieser Vorstellung von einem autonomen System gehört, dass sich sein Verhalten nicht mit Gewissheit voraussagen lässt. Aber auch wenn diese Nichtvorhersehbarkeit teilweise eingeschränkt ist, bleibt es bei der Charakterisierung als autonom (Fraunhofer-Gesellschaft 2021).

Würde man stattdessen dem Vorschlag von Kirchschläger folgen, so würde der Irrweg vermieden, dass der Begriff der Autonomie bei seiner Anwendung auf Geräte eine dem System innewohnende moralische Kompetenz suggeriert. Nur auf Grund einer solchen Verwechslung lässt sich erklären, warum in Veröffentlichungen zur Maschinenethik nicht nur die menschliche Verantwortung für einen moralisch angemessenen Gebrauch dieser Maschinen erörtert, sondern auch über Maschinen als moralische Akteure debattiert wird (Bendel 2019: Kap. 1–3; Misselhorn 2019: 70–90). Doch für einen moralischen Akteur muss gelten, dass er moralische Grundsätze nicht nur befolgen, sondern auch verstehen und damit aus eigenen Gründen anerkennen kann. Davon kann jedoch selbst in den avanciertesten Formen von Maschinenintelligenz nicht die Rede sein. Es ist inkonsistent, wenn in manchen Beiträgen zur Maschinenethik die Vorstellung von der Maschine als moralischem Akteur vertreten wird, obwohl die leitenden moralischen Grundsätze durch die von Menschen programmierten Algorithmen vorgegeben werden.

Als Alternative zu dem Begriff des automatisierten Systems hat bereits Kirchschläger den Begriff des selbststeuernden Systems vorgeschlagen. Nicole Kunkel spricht stattdessen von autoregulativen Systemen. Sie erläutert ihren Vorschlag an Waffensystemen. Eine autoregulative Waffe etwa schwebt «solange über feindlichem Luftraum, bis sie eine spezielle, feindliche Radiosignatur – in aller Regel von einem System zur Raketenabwehr – empfängt. Bei Empfang stürzt sich die Waffe auf das Ziel und zerstört es dabei.» (Kunkel 2021: 2) Das Risiko der Fehlsteuerung ist erheblich; wenn die Radiosignatur beispielsweise von einem Krankenhaus ausgesendet wird, erfolgt «selbstregulativ» eine Tötungshandlung, die gegen das Kriegsvölkerrecht verstößt. Solche Beispiele unterstreichen, warum alle automatisierten oder selbststeuernden Geräte, wann immer sie möglicherweise Auswirkungen auf menschliches Leben haben, einer angemessenen menschlichen Kontrolle *(meaningful human control)* unterworfen sein müssen. Dieser Maßstab sollte dringend völkerrechtlich kodifiziert und durchgesetzt werden, denn andernfalls würden die Entwicklung und der Einsatz autoregulativer Waffen unweigerlich zu einer Erosion des Kriegsvölkerrechts führen.

Ein vergleichbarer Maßstab muss auch beim Einsatz von selbststeuernden Fahrzeugen gelten. Tragische Entscheidungen bei Verkehrsunfällen, wie sie immer wieder diskutiert werden, dürfen gerade nicht digitalen Instrumenten übertragen werden, die gegebenenfalls in einer Weise programmiert sind, in der nicht etwa die unantastbare Würde, sondern eine Abwägung zwischen dem vermeintlich unterschiedlichen Wert menschlichen Lebens ausschlaggebend ist. Wie die Beispiele autoregulativer Waffen und Fahrzeuge zeigen, ist es weit mehr als nur ein terminologischer Streit, wenn man darauf beharrt, dass diese Geräte nicht als autonom bezeichnet werden dürfen. Die Autonomie muss vielmehr beim Menschen verbleiben.

Lange bevor technische Geräte über heutige Formen der Selbstregulierung verfügten, unternahm der russisch-amerikanische Autor Isaac Asimov den Versuch, die ethischen Probleme automatisierter Geräte am Beispiel von Robotern zu verdeutlichen. Seine 1942 erstmals formulierten Robotergesetze lauten in ihrer endgültigen Gestalt folgendermaßen:

o. Ein Roboter darf die Menschheit nicht verletzen oder durch Passivität zulassen, dass die Menschheit zu Schaden kommt. Dieses nullte Gesetz ist den drei anderen vorgeordnet, so dass die folgenden Gesetze ihm gemäß anzuwenden sind.

1. Ein Roboter darf keinen Menschen verletzen oder durch Untätigkeit zu Schaden kommen lassen.

2. Ein Roboter muss den Befehlen eines Menschen gehorchen, es sei denn, solche Befehle stehen im Widerspruch zum ersten Gesetz.

3. Ein Roboter muss seine eigene Existenz schützen, solange dieser Schutz nicht dem ersten oder zweiten Gesetz widerspricht (Misselhorn 2019: 109).

Diese Grundsätze werden bis heute gern zitiert, weil sie Maßstäbe für die Programmierung von Robotern setzen. Nur wenn Programmierer sich an ihnen orientieren, besteht eine Chance, dass sie zur Geltung gebracht und befolgt werden. Von einer Autonomie der Roboter kann dabei weder im Sinn moralischer Selbstbestimmung noch im Sinn einer reflektierten Abwägung zwischen ethischen Alternativen die Rede sein. Auch Menschen, die von den differenzierten Möglichkeiten digitaler Technologien Gebrauch machen und digitale Intelligenz zu vorgegebenen Zielen einsetzen, übertragen damit ihre moralische Autonomie nicht auf die Geräte. Gerade angesichts der Rasanz technologischer Entwicklungen ist es angebracht, Autonomie als einen mit Selbstbestimmung und Selbstreflexion verbundenen Anspruch des Menschen an sich selbst zu verstehen. Er lässt sich nicht an Maschinen delegieren. Selbst wenn sie technisch noch so avanciert sind, bleiben sie Assistenten des Menschen. Für ihren Gebrauch und für dessen Folgen sind wir Menschen verantwortlich.

Humanismus der Verantwortung

Die Debatten über Transhumanismus und Posthumanismus haben keine durchschlagenden Einwände dagegen hervorgebracht, dass jeder Mensch um seiner selbst willen Achtung verdient und seiner Menschenwürde wie den Menschenrechten gemäß zu behandeln ist. Weder aus den Vorstößen des Transhumanismus und des Posthumanismus noch aus der Debatte über die «Autonomie» von Fahrzeugen oder Waffen ergibt sich ein Grund, das Konzept eines Humanismus aufzugeben, der an der gleichen Würde jedes Menschen orientiert ist und jeden Menschen auf die Achtung der Würde jedes anderen wie seiner selbst verpflichtet. Erweitert werden muss dieses Konzept heute dadurch, dass dieser Humanismus sich nicht nur an der Verantwortung für die jetzt lebenden Menschen orientiert, sondern die Lebensbedingungen künftiger Generationen einbezieht. Ebenso muss die Verantwortung der Menschen für einen nachhaltigen Umgang mit der Natur in ein zukunftsfähiges Konzept Eingang finden.

In der Moderne wurde bisher auf Aspekte der Generationenverantwortung und der Nachhaltigkeit in der Regel erst mit einem erheblichen Zeitverzug reagiert. Dafür ist gegenwärtig die verspätete Antwort auf den Klimawandel das drastischste Beispiel. Aus diesen Erfahrungen müssen Folgerungen für die verantwortliche Gestaltung der Digitalisierung gezogen werden. Voraussehbare Risiken und unerwünschte Folgen müssen frühzeitig wahrgenommen werden, damit die Möglichkeiten zu deren Vermeidung oder Milderung rechtzeitig ergriffen werden können. Eine ethisch orientierte Antizipation der Zukunft ist kein Ausdruck von Technikfurcht. Sie wird sogar als notwendiges Element staatlicher Gesetzgebung anerkannt, wie beispielsweise in Deutschland die Ansiedlung des Büros für Technikfolgenabschätzung beim Deutschen Bundestag dokumentiert.

Menschen können in fortschreitendem Maß Aufgaben auf technische Geräte und digitale Intelligenz übertragen. Ihrer Verantwortung können sie sich dabei nicht entledigen. Gerade in ihr konkretisiert sich die Sonderstellung des Menschen unter den Bedingungen des digitalen Zeitalters.

Nur in dem Maß, in dem wir Verantwortung als eine Konkretion menschlicher Selbstbestimmung und damit als Ausdruck von Autonomie verstehen, wird die Differenz zwischen Verantwortung und Gehorsam, Fügsamkeit oder Opportunismus offenkundig. Mit Verantwortung ist die Konsequenz aus einer Autonomie gemeint, in der die Folgen meines Handelns nicht nur für mich selbst, sondern auch für andere bedacht werden. Die schlichteste Form dieser Reflexion liegt in der Goldenen Regel vor, die in ihrer aktiven Fassung dazu auffordert, andere Menschen so zu behandeln, wie wir auch von ihnen behandelt werden wollen: «Alles nun, was ihr wollt, dass euch die Leute tun sollen, das tut ihr ihnen auch» (Matthäus 7,12).

Diese Aufforderung Jesu hat Immanuel Kant mit dem Kategorischen Imperativ in eine Reihe abstrakter Formeln gefasst, von denen für unseren Zusammenhang die folgende besonders wichtig ist: «Handle so, dass du die Menschheit sowohl in deiner Person, als in der Person eines jeden anderen, jederzeit zugleich als Zweck, niemals bloß als Mittel brauchest.» (Kant 1956, Bd. 6: BA 66 f.) Diese Selbstzweckformel stand Pate, als die Anerkennung der unantastbaren Würde jedes Menschen zum Ausgangspunkt der im Grundgesetz der Bundesrepublik Deutschland kodifizierten Grundrechte wurde. In deren Auslegung verständigte man sich auf eine negative Erläuterung des Menschenwürdegebots, der zufolge kein Mensch zum bloßen Objekt fremden Willens gemacht werden dürfe. Der Sache nach griff man damit auf Kants Selbstzweckformel zurück.

Zwei zeitgenössische Weiterführungen dieser Überlegungen zur Goldenen Regel beziehungsweise zum Kategorischen Imperativ verdienen Aufmerksamkeit. Die eine stammt von dem amerikanischen Sozialphilosophen Amitai Etzioni und heißt: «Achte und wahre die moralische Ordnung der Gesellschaft in gleichem Maß, wie du wünschst, dass die Gesellschaft deine Autonomie achtet und wahrt.» (Etzioni 1997: 19) Dieser «neuen goldenen Regel» zufolge gehört es zur Freiheit als Lebensform, dass Menschen wechselseitig die Bedingungen dieser Freiheit achten und verteidigen. Sie ist als Kriterium für die Gestaltung der politischen Ordnung ebenso wichtig wie als Maßstab für die Ordnung von Wirtschaft und Gesellschaft.

Die andere, bereits in Kapitel 2 erwähnte Weiterführung stammt von Hans Jonas. Sie lautet: «Handle so, dass die Wirkungen deiner Handlung verträglich sind mit der Permanenz echten menschlichen Lebens auf Erden.» (Jonas 2015: 40) Natürlich ist die Frage diskussionswürdig, was mit «echtem menschlichem Leben» gemeint ist. Darüber hinaus bedarf die Formel von Hans Jonas der ausdrücklichen Ergänzung, dass unsere Verantwortung sich nur auf die für uns voraussehbaren Folgen unseres Handelns richten kann. Diese Folgen sind in erheblichem Maß kontingent; ihr Eintreten ist mit unterschiedlichen Graden von Wahrscheinlichkeit verbunden. Die Ungewissheit darüber, welche Folgen eintreten werden, befeuert die Kontroversen darüber, welche technologischen Innovationen verantwortlicherweise in Anspruch genommen werden dürfen. Diese Kontroverse wird gerade deshalb mit Vehemenz ausgetragen, weil das Verhältnis zwischen Chancen und Risiken oft ungewiss bleibt. Selbst wenn man das einräumt, bleibt einem die von dem Soziologen Hans Joas formulierte Einsicht nicht erspart, dass «die bewusste Ignoranz gegenüber erkennbaren Handlungsfolgen moralisch verantwortungslos» ist (Joas 2019: 142). Wenn man diese Einsicht akzeptiert, ergibt sich die Konsequenz, dass im Kompass ethisch verantwortlichen Handelns die Schadensvermeidung einen hohen Rang einnimmt. Die Geschichte der Verantwortungsethik von Max Weber bis zu Hans Jonas und Amitai Etzioni lehrt, dass die Vermeidung von Schädigungen sich nicht nur auf uns selbst und unsere Zeitgenossen bezieht, sondern auch für künftige Generationen gelten muss.

In modernen Gesellschaften war es über lange Zeit üblich, sich vornehmlich an den kurzfristigen Wirkungen menschlichen Handelns zu orientieren. Deshalb meinte man, dessen langfristige Wirkungen ignorieren zu können, ohne dass dies als «bewusste Ignoranz» kritisiert wurde. Nur daraus erklärt sich, warum die Nuklearenergie so lange genutzt wurde, ohne dass das Problem der Endlagerung radioaktiver Abfälle überzeugend geregelt war. Dasselbe Problem unterschiedlicher Zeithorizonte zeigt sich daran, dass die anthropogenen Ursachen der globalen Erwärmung lange Zeit von vielen gleichgültig hingenommen wurden. Im einen wie im anderen Fall erwartete man die bedrohlichen Auswirkungen erst jenseits des Zeithorizonts der heute aktiven Generationen.

Eine heutige Verantwortungsethik bedarf dagegen eines Zeithorizonts, der sich an der Reichweite der voraussehbaren Folgen gegenwärtigen Handelns orientiert. Darüber hinaus ist zu berücksichtigen, dass menschliches Leben selbst Teil einer Lebenswelt ist, deren Glieder ihrerseits einen Anspruch auf Leben haben – mit den Worten Albert Schweitzers: «Ich bin Leben, das leben will, inmitten von Leben, das leben will.» (Schweitzer 1996: 330) Schweitzers viel zitierter Satz unterstellt dem nichtmenschlichen Leben ebenso einen Willen zum Leben wie dem Menschen. Ohne genauere Erläuterung geht er davon aus, dass es einen Willen ohne ein Bewusstsein vom eigenen Wollen gibt.

Im Unterschied zu anderen Lebewesen können Menschen ihr Leben bewusst bejahen, aber auch verneinen. Aus dieser Möglichkeit wird heute ein Recht auf selbstbestimmtes Sterben abgeleitet. Doch über den Anfang ihres Lebens verfügen Menschen so wenig wie andere Lebewesen. Reflektierend können sie sich zu dem unverfügbaren Anfang ihres Lebens ins Verhältnis setzen. Die grundlegende Erfahrung, dass kein Mensch sein Leben selbst hervorbringt, vermag sich mit der Einsicht zu verbinden, dass alles Leben sich Gott verdankt und darin Schöpfungscharakter trägt. Auf diese Weise verbindet sich der Respekt vor der Würde des Menschen mit der Aufgabe, die Würde der Natur zu respektieren. Auch für sie gilt, dass sie sich nicht selbst hervorbringt. Ebenso wenig ist sie jedoch ein Produkt menschlicher Tätigkeit. Der Mensch findet die Natur in ihrer eigenen Würde immer schon vor; er hat, wie eine biblische Ausdrucksweise mit großer Klarheit sagt, die Aufgabe, die ihm zugängliche natürliche Lebenswelt zu bebauen und zu bewahren (1. Mose 2,14).

Der religiöse Grundgedanke, dass die Natur, deren Teil wir Menschen sind, den Charakter einer verdankten Schöpfung trägt, führt zu einer Ethik der Verantwortung, die über die Steigerung des eigenen Nutzens hinausweist. Sie bezieht die Lebenssituation anderer Menschen ein, sei es in der Form der unmittelbaren Fürsorge für andere, sei es in der Mitgestaltung politischer und gesellschaftlicher Verhältnisse. Denn nur durch politische Mitwirkung lassen sich die Lebensbedingungen von Menschen verbessern, für die unmittelbar zu sorgen die eigenen Handlungsmöglichkeiten übersteigt. Es ist jedoch ein Teil unserer ethischen Verpflichtung, uns *um* die Menschen zu sorgen, *für* die zu sorgen jenseits unseres unmittelbaren Verantwortungshorizonts liegt (Wolterstorff 2013: 105–112).

Eine solche Überlegung mündet also nicht in einen kritischen Posthumanismus, sondern in einen kritischen Humanismus. Das Bewusstsein geschenkten Lebens und verdankter Freiheit bildet die Basis für eine Ethik der Verantwortung, die im digitalen Zeitalter vor neuen Herausforderungen steht. Es kommt darauf an, den Einsatz technischer Mittel und wissenschaftlicher Innovationen so zu steuern, dass sie weder die Natur zerstören noch die Selbstbestimmung der Menschen und deren Verantwortung füreinander außer Kraft setzen.

8. DIE ZUKUNFT DES HOMO SAPIENS

Vergöttlichung des Menschen

Der israelische Historiker Yuval Noah Harari hat innerhalb des zurückliegenden Jahrzehnts mit drei Sachbüchern Aufsehen erregt: *Eine kurze Geschichte der Menschheit* (2011), *Homo Deus. Eine Geschichte von Morgen* (2015) sowie *21 Lektionen für das 21. Jahrhundert* (2018). Diese Bücher hatten weltweit eine außerordentliche Resonanz. Seine *Geschichte der Menschheit* erscheint seit 2020 auch als Graphic Novel und seit 2022 als Kinderbuch. Den Autor beschäftigt vor allem der Wandel im Menschenbild, der sich mit dem Übergang in das digitale Zeitalter anbahnt. Man kann seine Geschichtskonstruktion als eine elementare Anthropologie des digitalen Zeitalters verstehen und kritisch würdigen.

Eine kurze Geschichte der Menschheit, 2011 erschienen, beschreibt den Aufstieg und Siegeszug des Homo sapiens bis zur Gegenwart. Bei einem so weit gespannten Thema kommt man ohne spekulative Elemente nicht aus. Im Fall Hararis ist dies allerdings Teil seiner historischen Methode. So findet sich in seinem auf ältere Vorarbeiten zurückgehenden, aber erst jüngst auf Deutsch veröffentlichten Buch zum Zeitalter der Kreuzzüge die treffende Bemerkung, «dass sich viele der berichteten Fakten nicht verifizieren oder bezeugen lassen und dass ich ähnlich wie die mittelalterlichen Chronisten oftmals das Gefühl hatte, meine vorrangige Pflicht sei es, eine fesselnde Geschichte zu verfassen, statt nur das aufzuschreiben, was ich sicher weiß» (Harari 2020: 83).

Die fesselnde Geschichte der Menschheit bildet für Harari einen Teil der historischen Evolution, die dem Prinzip der natürlichen Selektion folgt. Denn die Geschichte des Homo sapiens bleibt insgesamt eingebettet in den weit größeren Zusammenhang der vier Milliarden Jahre umfassenden, mit den ersten lebenden Organismen beginnenden «Herrschaft der natürlichen Auslese» (Harari 2015: 486). Die von der biologischen Evolution gesetzten Grenzen hat der Homo sapiens nicht gesprengt; wie die Geschichte des Lebens insgesamt lässt sich auch die bisherige Menschheitsgeschichte mit den Mitteln der Darwin'schen Evolutionstheorie beschreiben.

Doch zu Beginn des einundzwanzigsten Jahrhunderts wird diese Epoche durch ein neues Zeitalter abgelöst, das der Autor in ironischer Anknüpfung an die Denkweise religiöser Gegner des Darwinismus als *intelligent design* bezeichnet. Für Kreationisten ist Gott der notwendige «intelligente Designer», bei Harari führt die moderne Wissenschaft zu einem Umschlag von der natürlichen Auslese zur planmäßigen Veränderung. Drei wissenschaftliche Entwicklungen werden für zukünftige Lebewesen ausschlaggebend sein: die Biotechnik mit ihrer planvollen Veränderung organischen Lebens, die Cyborg-Technik mit ihrer Verbindung von organischen und nicht-organischen Bestandteilen sowie die Entwicklung von nicht-organismischem Leben.

Diesem Wandel hat Harari sein zweites Buch gewidmet, das, wie der Untertitel sagt, *eine Geschichte von Morgen* entfaltet. Der Autor fasst die historische Darstellung dessen, was kommt, unter den plakativen Titel *Homo Deus*. Vor der Menschheit liegt eine Entwicklung, in der die Menschen selbst zu dem fähig sein werden, was man Gott zu Unrecht unterstellt hat, nämlich die Schöpfung nach einem eigenen intelligenten Plan zu entwerfen. An die Stelle einer kausal determinierten Entwicklung der Natur tritt eine teleologische, also vom Ziel her geprägte Veränderung. Ihr Ziel besteht darin, mit technischen Mitteln eine neue Spezies zu schaffen, durch welche diejenige des Homo sapiens abgelöst wird: den Homo deus (Harari 2017: 34).

Dieser Blick voraus verändert auch den Blick zurück. Das lässt sich am Umgang mit dem Begriff des Anthropozäns verdeutlichen. In der Regel wird dieser Begriff in Verbindung mit der These verwendet, die geologische Epoche des Holozäns gehe in der Neuzeit in eine Epoche über, in der menschliche Einwirkungen die Gestalt der Erde tiefgreifend verändern. Vertreten wird jedoch auch die Auffassung, dass bereits die geologische Epoche des Holozäns, die mit dem Ende der letzten Eiszeit (11700 v. Chr.) beginnt, zum Zeitalter des Anthropozäns gehört. Denn mit dem durch eine lang andauernde Wärmephase ermöglichten Übergang zu Ackerbau und Viehzucht wirkt sich menschliches Handeln verändernd auf den Globus aus (Renn 2020: 355–376). Harari beruft sich zwar auf eine Arbeit von Simon L. Lewis und Mark A. Meslin, die das Anthropozän mit dem Ende der letzten Eiszeit beginnen lässt (Harari 2017: 103), doch er geht noch einen Schritt weiter und verlangt, «die letzten 70 000 Jahre als Anthropozän» zu bezeichnen: das Zeitalter der Menschheit. «Denn im Verlauf dieser Jahrtausende wurde *Homo sapiens* zur wichtigsten Kraft, die den globalen ökologischen Wandel vorantrieb.» Harari geht es darum, das Zeitalter des Homo sapiens mit dem Anthropozän gleichzusetzen. Mit dem ursprünglichen Ansatz, *geologische* Epochen voneinander zu unterscheiden, hat das nichts mehr zu tun. Der eigentliche Impuls für die Einführung des Begriffs «Anthropozän», nämlich die Verantwortung des Menschen für die Konsequenzen seiner geologisch folgenreichen Eingriffe in die Natur zu verdeutlichen, verpufft. Während für die meisten Forscher das Anthropozän gerade erst begonnen hat, kommt für Harari das «Zeitalter der Menschheit», nämlich die Epoche der Spezies Homo sapiens, an ein Ende. Es sei an der Zeit, meint Harari, sich auf eine neue Epoche einzustellen, für die er allerdings noch keinen Namen vorschlägt. Da auf den Homo sapiens der Homo deus folgt, müsste auf das von Harari sehr eigenwillig verstandene *Anthropozän* das *Theozän* folgen.

Für diesen Epochenwechsel kommt dem einundzwanzigsten Jahrhundert eine Brückenfunktion zu. Harari verzichtet auf eine Prognose darüber, wann der Übergang zur menschlichen Unsterblichkeit – und mit ihr zu Glück und Göttlichkeit – erfolgt. Der Technosoph Ray Kurzweil ist darin mutiger. Er versteht unter der technologischen Singularität den hypothetischen Zeitpunkt in der Zukunft, an dem «Künstliche Intelligenz» die menschliche Intelligenz übertrifft, wodurch der technische Fortschritt sich in singulärer Weise beschleunigt. Diese Singularität verknüpft er mit der Voraussage, dass die Kombination von Genetik, Nanotechnologie und Robotik gezielte Veränderungen im Menschen, dessen Erbgut eingeschlossen, ermöglicht, so dass das Altern der Zellen nicht nur verlangsamt, sondern aufgehalten werden kann. Auf diese Weise kann der Mensch dank des technischen Fortschritts von der Endlichkeit des Lebens befreit werden und Unsterblichkeit erlangen. Den Zeitpunkt für diese Singularität gibt Kurzweil mit dem Jahr 2045 an (Kurzweil 2014, 134 f.). Harari hält diese Prognose zwar für «ein bisschen zu früh» (Döpfner/Harari 2018: 16). Aber auch er ist von der Idee der Singularität überzeugt und geht davon aus, dass dank des technologischen Fortschritts ein Zeitpunkt eintreten wird, der in seiner Einmaligkeit dem Urknall vergleichbar ist.

Das dritte Buch in Hararis Trilogie wendet sich in 21 Lektionen dem einundzwanzigsten Jahrhundert zu, also der Übergangszeit zwischen dem bisherigen Bild vom Menschen und der neuen Singularität. Harari behandelt nicht nur die technologischen und politisch-gesellschaftlichen Herausforderungen dieses Übergangs, sondern reserviert einen großen Teil seines Buchs für religiös-weltanschauliche Aspekte des bevorstehenden Wandels. Er bemüht sich um Orientierung in der Zwischenzeit zwischen einer veralteten Religion, die sich auf einen transzendenten Gott ausrichtet, und der neuen Religion, in der sich der Mensch selbst zum Gott erhebt. In dieser Übergangszeit soll der Nachweis geführt werden, dass der Mensch auf einen Gottesbezug außerhalb seiner selbst nicht angewiesen ist. Er müsse sich dafür Klarheit darüber verschaffen, dass religiöser Glaube, welcher Provenienz auch immer, für ein glückliches und erfolgreiches Leben keineswegs erforderlich ist. Für eine solche These lassen sich manche Argumente vorbringen; die möglicherweise stärksten von ihnen beruhen auf der Einsicht, dass es eine Beeinträchtigung des Göttlichen wäre, wenn man es für die Lebensführung des sterblichen Menschen als unentbehrlich ansehen würde. Denn dann würde das Göttliche funktional verstanden, nämlich im Blick auf seine Funktion für den Menschen. Die Heiligkeit Gottes, seine Unabhängigkeit vom Menschen würde dadurch beeinträchtigt. Doch das ist keineswegs Hararis Argument. Er wendet sich nicht gegen die Funktionalisierung des Göttlichen zugunsten des Menschen, sondern gegen die Abhängigkeit des Menschen von Gott. Diese führt, so argumentiert er, zu der Vorstellung, dass gelingendes menschliches Leben etwas Unnatürliches ist. Anhand der Moral will er den Irrtum einer solchen Vorstellung beweisen.

In ihrem «natürlichen» Charakter bedeutet Moral für Harari nicht, «sich an göttliche Gebote zu halten», sondern «Leid zu vermindern» (Harari 2018: 267). Hier klingt der buddhistische Einfluss auf Hararis Denken an, der täglich zwei Stunden lang meditiert und sich jedes Jahr für einige Wochen in ein spirituelles Retreat begibt. Der buddhistische Weg helfe dabei, die wahren Ursachen des Leids zu ergründen und Gleichmut zu erlangen. Er ist für Harari ein Weg zum Glück. Dabei geht er davon aus, dass menschliches Leben von Natur aus gelingendes Leben ist und die Moral sich aus der natürlichen Ausstattung des Menschen ergibt. Doch er geht allzu elegant über die Tatsache hinweg, dass die menschliche Natur nicht nur die Möglichkeit in sich enthält, Leid zu vermindern, sondern auch Leid zu steigern. Ebenso wenig berücksichtigt er, dass die Moral keineswegs voraussetzungslos ist. Selbst wenn man unterstellt, dass alle Menschen von ihr die gleichen Vorstellungen haben, folgt daraus keineswegs, dass sie in gleicher Weise dazu bereit sind, in der Gestaltung ihres Lebens Leid zu vermindern. Die Moral erschöpft sich nicht in Regeln, sie bedarf konkreter Handlungen. Die Ambivalenz menschlichen Handelns ist der Ausgangspunkt der Moral. Diese Ambivalenz wird jedoch ausgeblendet, wenn Harari eine neue Gattung heraufkommen sieht, der Unsterblichkeit, Glück und Göttlichkeit mitgegeben sind. Oder will er durch diese nicht näher erläuterten Qualifikationen des Homo deus sagen, dass die Zukunftsmenschheit nur aus Wesen bestehen wird, die einander kein Leid antun?

Homo deus

Zu den Merkwürdigkeiten in Hararis Werken gehört, dass er eine neue Gattung jenseits des Homo sapiens mit dem Begriff Homo deus bezeichnet, ohne der Herkunft und Bedeutung dieses Begriffs die geringste Aufmerksamkeit zu widmen. Warum ausgerechnet Homo deus?, so mag man ausrufen – oder lateinisch: *Cur homo deus?*

Wer so fragt, wird unweigerlich darauf stoßen, dass eine ähnlich klingende Frage bereits vor mehr als 900 Jahren durch den Theologen Anselm von Canterbury aufgeworfen wurde. Vier Jahre lang, von 1094 bis 1098, arbeitete er an seinem Dialog *Cur deus homo*. Anselm stellte sich der Aufgabe, unter Absehen von allem geschichtlichen Wissen über die Offenbarung Gottes in

Jesus Christus zu begründen, warum Gott Mensch wurde. Die Menschwerdung Gottes, nicht die Gottwerdung des Menschen stand für ihn in Frage. Seine Antwort lässt sich folgendermaßen zusammenfassen: Notwendig ist die Menschwerdung Gottes, weil nur durch sie die Wiedergutmachung der Sünden erfolgen kann, mit denen der Mensch sich gegen die Ehre Gottes vergangen hat. Denn nichts verstößt gegen die Ordnung der Welt mehr, als dass das Geschöpf dem Schöpfer die ihm gebührende Ehre nimmt, ohne dies wiedergutzumachen. Gott selbst hat sich an die moralische Ordnung des von ihm geschaffenen Kosmos gebunden und kann sich deshalb nicht in einem einseitigen Willkürakt von dieser Ordnung lösen (Anselm 1960: 13 f.). Deshalb kann die Sünde des Menschen nicht ohne Strafe bleiben. Der Schwere der Sünde entspricht als Strafe der «ewige Tod». Kein Mensch kann diese Strafe stellvertretend für alle anderen ein für alle Mal auf sich nehmen, weil er selbst diesem Tod unterworfen ist. Nur Gott ist dazu im Stande. Doch Gott kann diese Wiedergutmachung nicht leisten, weil er nicht leidensfähig ist. Denn Leidensfähigkeit kommt nur dem Menschen zu. Oder anders gewendet: Der Mensch, der für seine Sünde selbst einstehen muss, kann sie nicht wiedergutmachen, weil er durch eben diese Sünde die Fähigkeit dazu eingebüßt hat. Gott aber kann es nicht, weil er sich gar keine Sünde hat zu Schulden kommen lassen. Wenn der Mensch zur Wiedergutmachung verpflichtet, aber nicht dazu in der Lage ist, Gott aber zur Wiedergutmachung im Stande, aber nicht dazu verpflichtet ist, kann die Satisfaktion nur erfolgen, indem Gott Mensch wird und in einer Person göttliche und menschliche Natur miteinander verbindet (Anselm 1960: 8). Nur indem der menschgewordene Gott sich stellvertretend zum sühnenden Opfer macht, kann die Wiedergutmachung von Gott her in einer Weise geschehen, in der zugleich der Mensch Subjekt dieser Wiedergutmachung ist (Anselm 1960: 6 f.).

Diese anselmische Antwort auf die Frage, warum Gott Mensch wird, hat die abendländische Theologie in den folgenden Jahrhunderten in hohem Maß geprägt. Durch sie wurde die Vorstellung leitend, dass Gott Anspruch auf eine Wiedergutmachung für die menschliche Schuld hat, und dass allein das Sühnopfer eines sündlosen Menschen den Zorn Gottes zu stillen vermag. Dank diesem Sühnopfer können sündige Menschen vor Gott Gnade finden. Dafür ist es allerdings notwendig, dass sie ihre Schuld bekennen und um Vergebung bitten. Im eucharistischen Sühnopfermahl wird ihnen das Opfer Jesu, der für ihre Schuld gestorben ist, zugeeignet.

In wachsendem Maß hat diese Satisfaktionstheologie Kritik auf sich gezogen. Der zentrale Einwand besagt, dass in ihr religiöse Auffassungen weitergetragen werden, die mit dem Gottesbild, das Jesus von Nazareth den Menschen nahebrachte, unvereinbar sind. Vor allem ist es, wie Eugen Biser gezeigt hat, die Vorstellung von einem «zwischen Güte und Zorn schwankenden Gott», die Jesus hinter sich lässt. An deren Stelle tritt «das mit allen Menschheitstraditionen brechende Bild des vorbehalt- und bedingungslos liebenden Gottes». Dafür tritt Jesus mit seinem Tod am Kreuz ein (Biser 2001: 25–79; ders. 2004: 43; Jörns 2004: 286–341). Dieses Gottesbild bekräftigt er mit seinem eigenen Leben; auf diese Weise ist Gott im Menschen Jesus gegenwärtig.

Wenn man die Frage Anselms bis zu diesem Punkt weiterdenkt, erweist sich seine Lösung als problematisch. Denn sie hält sich an einen zwischen Zorn und Gnade, zwischen Gerechtigkeit und Barmherzigkeit schwankenden Gott. Das zeigt sich an der Deutung des Kreuzes Jesu, das zwar Versöhnung bewirken soll, aber dafür zunächst Wiedergutmachung, Satisfaktion verlangt. Diese Satisfaktion besteht in der exemplarisch an einer Person, in der Gott und Mensch miteinander vereinigt sind, vollzogenen Handlung tötender Gewalt. Eine Alternative tut sich auf, wenn die Versöhnung zwischen Gott und Mensch nicht als eine vom Menschen Gott geschuldete Wiedergutmachung, sondern als eine von Gott dem Menschen erwiesene Versöhnung verstanden wird. Das Kreuz ist dann nicht mehr Mittel der Satisfaktion, sondern Ort der Versöhnung. Die Antwort auf die Frage, warum Gott Mensch wird, verwandelt sich: Gott wird Mensch, damit der Mensch Gott als die bedingungslose Liebe erkennt und dieser Liebe in seinem Leben Raum gibt.

Gott und Mensch im digitalen Zeitalter

Eine solche Reflexion auf das Verhältnis zwischen Gott und Mensch ist unentbehrlich, wenn man sich – wie Yuval Noah Harari – an den Gedanken heranwagt, dass der Mensch mit Hilfe neuer wissenschaftlicher und technischer Möglichkeiten selbst den Platz Gottes einnimmt. Vom *homo deus* redet Harari mit erstaunlicher Selbstverständlichkeit; doch für den Gedanken des *deus homo,* des Gottes, der Mensch wird, gibt es bei ihm keinen Raum. Sein Gottesbild beschränkt sich auf die Vorstellung von einem Weltregenten, der dem Menschen durch seine Allmacht überlegen ist. Deshalb wenden sich nach Hararis Auffassung Menschen vor allem dann an Gott, wenn sie Hilfe gegen Hunger, Krankheit und Krieg suchen (Harari 2017: 32). Die wichtigste Einflussnahme dieses Gottes auf den Menschen besteht in den moralischen Regeln, die mit seiner Autorität versehen sind und den Menschen zur Pflicht gemacht werden. Das Verhältnis zwischen Gott und Mensch ist bei Harari durchweg als Herrschaftsverhältnis gedacht. Erbarmen und Liebe, Versöhnung und Erlösung kommen in seinem Gottesbild nicht vor. Sie spielen aber nicht nur im christlichen Gottesbild eine Rolle; vielmehr sind Erbarmen und Liebe, Versöhnung und Erlösung bereits für das Gottesbild der Hebräischen Bibel, des Alten Testaments der christlichen Bibel, kennzeichnend. Hinter solchen Einsichten bleibt Hararis Gottesfiktion zurück. Das mag mit Hararis buddhistischer Prägung zusammenhängen; denn der Buddhismus kommt ohne Gottesvorstellung aus. Der Mensch begibt sich durch moralische und meditative Anstrengung auf einen Weg der Erlösung aus dem Rad der Wiedergeburten. Dass diese Erlösung für Harari in einem künftigen Zeitalter durch Überwindung der Sterblichkeit erfolgt, kann man als eigenwilliges Weiterdenken des buddhistischen Weges verstehen.

Doch diesen möglichen Zusammenhang mit einem buddhistischen Einfluss auf sein Denken expliziert Harari nicht. Vielmehr beschränkt er sich auf die These vom fiktiven Charakter des Gottesverständnisses, dem er durchgängig einen machtförmigen, herrschaftlichen Charakter zuweist. Ebenso wie das Gottesverständnis selbst haben auch die moralischen Pflichten, für die Menschen sich auf Gott berufen, für Harari einen fiktiven Charakter. Dem Herrschaftsverhältnis zwischen Gott und Mensch korrespondiert darüber hinaus nach seiner Auffassung ein Herrschaftsverhältnis zwischen Menschen und Tieren sowie zwischen Menschen und dem fruchtbaren Ackerboden. Die herrschaftliche Position der Menschen gegenüber den anderen Lebewesen wird religiös damit begründet, dass nur sie eine Seele haben. Doch diese Verbindung der Sonderstellung des Menschen mit der Seele ist für Harari genauso eine Fiktion wie die Gottesvorstellung selbst. Nichts anderes gilt für die Vorstellungen von Ich, Geist oder Bewusstsein. Sie alle sollen einander im «Mülleimer der Wissenschaft Gesellschaft leisten» (Harari 2017: 160).

Harari hält nicht nur den Gottesglauben für eine Fiktion, sondern ebenso den Humanismus, der nach seinem Verständnis den Glauben an Gott durch den Glauben an den Menschen ersetzt. Auch wenn der Mensch sich selbst als das höchste Wesen ansieht, um dessentwillen moralische Regeln zu befolgen sind, steht ein solches Denken im Bann der religiösen Irreführung, der die Menschheit in ihrer bisherigen Geschichte ausgesetzt war. Deshalb verwendet Harari für den Humanismus wie für den Trans- und Posthumanismus ausdrücklich den Begriff der Religion (Harari 2017: 197, 248–257). Das Zusammenwirken von Menschen ist zwar seiner Auffassung nach auf den Glauben an erfundene Ordnungen angewiesen. Aber mögen sie auch in dieser praktischen Funktion unentbehrlich sein, so eignet ihnen doch kein eigener Sinn. Sie prägen die Wirklichkeit durch die Macht, die von ihnen ausgeht. Klaus Mertes bemerkt deshalb in kritischen Notizen zu Yuval Noah Harari, dass bei diesem der Sinn von der Macht verschlungen wird. Das zeigt sich für Mertes am deutlichsten in der neuen, im Übergang zum Homo deus sich entwickelnden, mit der digitalen Durchdringung aller Lebensbereiche übermächtig werdenden Religion, nämlich der Datenreligion, dem *Dataismus* (Harari 2017: 497).

Die überlegene Macht, die zuvor erst Gott und dann dem Menschen zuerkannt wurde, wird nun auf Algorithmen übertragen. Warum Harari die Macht nicht den Menschen, die sich selbst als Urheber dieser Algorithmen verstehen, sondern den Algorithmen selbst zuspricht, bleibt unerklärt. Diese überlegene Macht, sei sie Mensch oder Maschine zuerkannt, ist sinnfrei gedacht, sie kann zu Beliebigem verwendet werden. Daran zeigt sich ihre narzisstische Struktur. «Es geht bloß um Macht und Unterwerfung. Der Narziss sieht sich dabei selbstverständlich auf der Seite der unterwerfenden Macht.» (Mertes 2019: 84)

Hararis Überlegungen sind von einem strammen weltanschaulichen Materialismus geprägt. Da moderne Menschen alles, auch Schmerz und Liebe, biochemisch erklären können, brauchen sie dafür keine anderen Deutungen (Harari 2017: 161). Nur am Rande blitzt auf, dass die wissenschaftlichen Modelle, mit denen menschliche Empfindungen gedeutet werden, sich als naiv erweisen könnten. Zu Zeiten der Dampfmaschine wurden, wie im vorangehenden Kapitel erörtert und von Harari selbst notiert, Gehirn und Geist beschrieben, als handle es sich um Dampfmaschinen. Im Zeitalter des Computers wird die menschliche Psyche so erklärt, als handle es sich um einen Computer. Weitblickend räumt Harari ein, auch die aktuelle Lesart könne allzu zeitgebunden sein (Harari 2017: 116–126). Dennoch macht er von ihr reichlich Gebrauch, zum Beispiel dadurch, dass er Organismen eben nicht als Dampfmaschinen, sondern als Algorithmen versteht (Harari 2017: 254).

Eine Tür hält Harari sich allerdings offen, die aus dem ehernen Gehäuse materialistischer Engführungen hinausweist: die von der Religion deutlich unterschiedene spirituelle Suche. «Religion ist eine Übereinkunft, Spiritualität hingegen eine Reise.» Hier lässt er das Erbe dualistischer Traditionen, etwa im Buddhismus, zur Geltung kommen, die in seiner Deutung Menschen dazu anhalten, «aus [den] materiellen Fesseln auszubrechen und eine Reise zurück in die spirituelle Welt zu unternehmen». Kennzeichnend ist es für diese Reise, dass «wir die Konventionen und Abmachungen der profanen Welt in Zweifel ziehen und auf ein unbekanntes Ziel hin unterwegs sind» (Harari 2017: 254). So wie der Autor in seiner veganen Lebensform versucht, zum Modell der menschlichen Herrschaft über die nichtmenschliche Natur auf Abstand zu gehen, so versucht er, in der eigenen Meditationspraxis der spirituellen Reise Raum zu geben (Harari 2018: 405–417).

Betrachtet man solche weltanschaulichen Weiterungen im Zeichen der Digitalisierung, so stellt sich in einer großen religionsgeschichtlichen Perspektive die Frage, ob die wissenschaftlich-technischen Entwicklungen dazu führen oder beitragen, den epochalen Schritt achsenzeitlicher Religionen in Frage zu stellen. Als «Achsenzeit» bezeichnet man im Anschluss an eine Begriffsprägung von Karl Jaspers eine zeitlich nicht eng zu fassende Periode im ersten vorchristlichen Jahrtausend, in der unabhängig voneinander in verschiedenen Kulturen eine explizite Vorstellung von Transzendenz entstand, mit der sich eine normative Relativierung des Irdischen und eine Tendenz zu einem moralischen Universalismus verband. Die Philosophie in der Zeit der griechischen Klassik, die Prophetie Israels, chinesischer Konfuzianismus und indischer Buddhismus sind Beispiele für vergleichbare Entwicklungen zu einer solchen «Reflexivierung des Heiligen» (Joas 2017: 18, 351). Für das Christentum ist es vor diesem Hintergrund charakteristisch, dass es unter Wahrung der achsenzeitlichen Differenz von Transzendenz und Immanenz beide im menschgewordenen Christus verbunden sieht. Fundamentale theologische Klärungsprozesse haben sich mit diesem Kerngedanken des christlichen Glaubens verbunden.

Veränderung der Menschheit

Wenn die *Geschichte von Morgen* die neue Spezies des Homo deus ankündigt, liegt die Vermutung nahe, dass der Autor damit eine allgemeine Erwartung verbindet: Die Menschheit als solche verändert sich. Das ergibt sich nicht nur aus den technologischen Spekulationen darüber, dass alle zum Zeitpunkt der Singularität Lebenden oder später Geborenen dieser neuen Spezies angehören beziehungsweise zu ihr Zugang finden werden. Es ergibt sich auch aus dem moralischen Leitgedanken eines egalitären Universalismus, an dem sich Harari zu orientieren scheint. Für die zurückliegende Epoche gibt er Wohlstand, Gesundheit und Harmonie als Ziele an, nach denen alle Menschen strebten. Da dies – so seine optimistische Einschätzung – in einem «beispiellosen» Maß gelungen ist, setzt die Menschheit sich nun mit Unsterblichkeit, Glück und Göttlichkeit anspruchsvollere Ziele: «Nachdem wir die Menschheit über die animalische Ebene des Überlebenskampfs hinausgehoben haben, werden wir nun danach streben, Menschen in Götter zu verwandeln und aus dem *Homo sapiens* den *Homo deus* zu machen.» (Harari 2017: 34) Auch in diesem Fall muss man, wenn es sich um Ziele für die Menschheit als Gattung handelt, erwarten, dass sie in einem «beispiellosen» Maß verwirklicht werden.

In diesem Zusammenhang ist es bemerkenswert, dass Harari den Beitrag des Christentums zu einem solchen egalitären Universalismus, der in der Gleichheit aller Menschen vor Gott begründet ist, ausdrücklich würdigt. Er führt diese Errungenschaft auf «den Begründer des Christentums – den heiligen Apostel Paulus» zurück und zitiert den «berühmten Brief an die Galater: ‹Es gibt nicht mehr Juden und Griechen, nicht Sklaven und Freie, nicht Mann und Frau, denn ihr alle seid *einer* in Christus Jesus.› (Gal. 3,28)» (Harari 2018: 254)

Doch in der Durchführung des Narrativs vom Homo deus ist von einem solchen egalitären Universalismus keine Rede mehr. Vielmehr verkehrt sich die Gleichheit in ihr Gegenteil. In einem einprägsamen Bild macht Harari deutlich, dass der von ihm erwartete Fortschritt zu radikaler Ungleichheit führt: «Zu Beginn des 21. Jahrhunderts rollt der Zug des Fortschritts wieder aus dem Bahnhof – und dieses Mal wird es vermutlich der letzte Zug sein, der die Station namens *Homo sapiens* verlässt. Wer diesen Zug verpasst, wird keine zweite Chance mehr bekommen.» (Harari 2017: 370) Wer nicht mitkommt, wird nicht nur das Recht verlieren, als Gleicher unter Gleichen betrachtet zu werden, er wird auch nicht mehr als autonomes Individuum geachtet werden. Dies begründet Harari folgendermaßen: Da mit dem Fortschreiten technologischer Innovationen viele Menschen ihren wirtschaftlichen und militärischen Nutzen verlieren, werden sie vom wirtschaftlichen und politischen System nicht mehr als wertvoll betrachtet. Es kommt zu einer Spaltung zwischen einer Elite optimierter Übermenschen, die «sowohl unentbehrlich als auch unentschlüsselbar bleiben» (Harari 2017: 467), und der breiten Masse, die keinen eigenständigen Beitrag zur technologischen und gesellschaftlichen Entwicklung leistet und deshalb allenfalls als Kollektiv von Interesse ist. Doch die Individuen, die zu diesem Kollektiv gehören, sind irrelevant. Auch die zur Elite (und damit zur Gattung Homo deus) gehörenden Übermenschen können dabei ihrer Position nie sicher sein, denn es bleibt offen, inwieweit gesellschaftliche Führungspositionen durch optimierte Übermenschen oder durch Algorithmen übernommen werden. Auch in der Produktion von Kunst werden die Menschen durch Algorithmen überflügelt werden (Harari 2017: 435–442).

Je konkreter Harari die Entwicklung der digitalen Zukunft zu erfassen sucht, desto stärker verflüchtigen sich die von ihm proklamierten Kennzeichen der Spezies Homo deus – nämlich Göttlichkeit, Glück und Unsterblichkeit. Fassbar ist unter ihnen am ehesten noch die Unsterblichkeit, also das Erreichen der Singularität im Sinne Ray Kurzweils. Doch ob dieses Ziel nur von den Angehörigen der Elite erreicht und der nutzlos gewordenen Bevölkerungsmehrheit vorenthalten wird – und wenn ja, aus welchen Gründen –, wird überhaupt nicht erörtert. Das zweite Kennzeichen der Gattung Homo deus, nämlich das Glück, bleibt erst recht unerörtert. Für den Homo sapiens ist das Glück fiktiv; die biochemischen Algorithmen, die sein Leben steuern, führen lediglich ein Streben nach Lust herbei; eine dauerhafte Erfüllung erfährt dieses Streben nie. Wenn der Homo deus dagegen zum Glück fähig sein soll, wüsste man gern, was damit gemeint ist. Erläuterungsbedürftig ist dabei unter anderem, warum die Perspektive, dass die dem Homo deus verbleibenden Aufgaben Schritt für Schritt von Algorithmen übernommen werden, nicht als Beeinträchtigung seines Glücks zu betrachten ist. Das Kennzeichen der Göttlichkeit schließlich wird bei Harari dahingehend interpretiert, dass der Mensch für sich die göttliche Schöpfungs- und Zerstörungsmacht erwirbt (Harari 2017: 69). Es handelt sich also – was bei Harari nicht überrascht – um eine rein machtförmige Vorstellung von Göttlichkeit. Am Maßstab der Macht löst sich die Unterscheidung zwischen Gott und Mensch auf. Kurz und bündig kann es deshalb bei Harari heißen: «Kein Gott wird uns aufhalten.» (Harari 2017: 276)

Immer deutlicher zeigt sich, dass Harari nicht einen evolutionären Wandel vom Homo sapiens zum Homo deus vor Augen hat; vielmehr geht es um eine Spaltung der Menschheit, die durch ungleiche Teilhabemöglichkeiten an den Chancen der erhofften technologischen und genetischen Singularität bewirkt wird. Er skizziert eine solche Zukunft radikaler Ungleichheit, ohne die Frage zu stellen, wie diese sich zu der Selbstverpflichtung der Menschheit auf die für alle geltenden Menschenrechte verhält. Wie lässt sich der Kulturbruch verantworten, der nach dieser dystopischen Prognose aus dem technologischen Fortschritt folgt?

Harari selbst spricht nicht von einem Kulturbruch. Eine Prüfung der von ihm vorausgesagten Entwicklung an den Maßstäben der gleichen, unantastbaren Würde jedes Menschen, der Selbstbestimmung, der freien Entfaltung der Persönlichkeit sowie der fundamentalen Bedeutung von Freiheit, Gleichheit und Teilhabe als Grundbedingungen einer demokratischen Gesellschaft steht für ihn nicht länger zur Diskussion. Das universalistische Ethos blitzt in seiner Betrachtung zwar einmal kurz auf, wird aber schnell beiseitegelegt. Denn solche Vorstellungen sind nach seiner Auffassung weder mit der Dynamik moderner technologischer Entwicklungen noch mit den biologischen Bedingungen menschlicher Existenz vereinbar.

An einer unerwarteten Stelle von *Eine kurze Geschichte der Menschheit* – nämlich in dem Kapitel *Pyramiden bauen* – macht

Harari seinen materialistischen Abstand vom neuzeitlichen Gedanken gleicher Menschenrechte deutlich. Er verwendet dabei ein grundlegendes Dokument für die Entwicklung des Menschenrechtsgedankens, nämlich die amerikanische Unabhängigkeitserklärung vom 4. Juli 1776. In deren Präambel heißt es, nach einer von der Botschaft der USA in Deutschland verwendeten Übersetzung, die auch in der deutschen Fassung des Buchs von Harari zitiert wird: «Folgende Wahrheiten erachten wir als selbstverständlich: dass alle Menschen gleich geschaffen sind; dass sie von ihrem Schöpfer mit gewissen unveräußerlichen Rechten ausgestattet sind; dass dazu Leben, Freiheit und das Streben nach Glück gehören.» (Harari 2015: 137) Diese Grundsätze aus dem achtzehnten Jahrhundert n. Chr., so konstatiert Harari, haben ebenso wenig «objektive Gültigkeit» wie die Rechtssprache des Codex Hammurabi aus dem achtzehnten Jahrhundert v. Chr. Verlässlichen Boden erreicht man nur dann, wenn man sich an den Erkenntnissen der Biologie orientiert, die für die Meinung, dass alle Menschen gleich seien, keinerlei Anhaltspunkte bieten. Deshalb übersetzt Harari die Eingangsworte der amerikanischen Unabhängigkeitserklärung in die Sprache der Biologie: «Folgende Wahrheiten erachten wir als selbstverständlich: dass sich alle Menschen unterschiedlich entwickelt haben; dass sie mit veränderlichen Eigenschaften geboren werden und dass dazu Leben und das Streben nach Lust gehören.» (Harari 2015: 140) Freiheit und Gleichheit sind in dieser biologistischen Übersetzung des ersten modernen Menschenrechtsdokuments ersatzlos gestrichen, aus dem Streben nach Glück ist das Streben nach Lust geworden. Alles, was über diese biologisch zu erhebende «Wahrheit» hinausgeht, hat nicht durch seinen Wahrheitsbezug Geltung, sondern nur deshalb, weil es «das Zusammenleben ermöglicht».

Nun ist jedoch die amerikanische Unabhängigkeitserklärung gerade ein Beispiel dafür, dass Normen und Werte, nach denen menschliches Zusammenleben und Zusammenarbeiten, also Konvivenz und Kooperation, gestaltet werden, nicht einfach vorhanden sind, so dass sie nur angewandt werden müssten. Immer wieder neu muss man sich um ein Überlegungsgleichgewicht zwischen den im Diskurs geprüften Regeln und den auf die kontingente Situation bezogenen Orientierungen bemühen (Joas 1997: 270). In solchen Prozessen wird nach Gründen dafür gefragt, warum bestimmte Werte Anerkennung verdienen und bestimmten Normen Geltung zuerkannt wird. Angesichts von massiven Verbrechen gegen die Menschlichkeit und brutalen Akten des Völkermords ist im zwanzigsten Jahrhundert die Einsicht gewachsen, dass der Respekt vor der gleichen Würde jedes Menschen eine unentbehrliche Voraussetzung für die Anerkennung von Werten und für die Geltung von Normen ist. Dem ging die schrittweise gewonnene Einsicht voraus, dass gesellschaftliche Diskriminierung nicht mit dem Hinweis auf Unterschiede zwischen Menschen oder Gruppen zu rechtfertigen ist. Die Unterschiede zwischen Sklaven und Freien, den Angehörigen vermeintlicher «Rassen», Frauen und Männern, Menschen unterschiedlicher sexueller Orientierung, Behinderten und vermeintlich Gesunden rechtfertigen nicht, dass irgendjemandem von ihnen der Respekt vor der gleichen Würde, gesellschaftliche Achtung und Gleichheit vor dem Gesetz verweigert werden. Damit ist der Streit um Normen und Werte nicht stillgestellt. Aber der Vorstellung, dass alle Werte und Normen lediglich fiktiv sind, wurde aus Gründen der geschichtlichen Erfahrung ein Riegel vorgeschoben.

Aus dem gleichen Grund wurde die Einsicht in die Fehlbarkeit und Irrtumsanfälligkeit des Menschen in die Fundamente demokratischer Verfassungsstaaten eingelassen. Sie schreiben nicht einen bestimmten Glauben vor. Aber sie beruhen auf einer Grundlage, für welche die Unterscheidung zwischen Mensch und Gott unverzichtbar ist. Für Gläubige wie für Ungläubige ist um der Humanität einer Gesellschaft willen in gleichem Maß wichtig, dass Gott und Mensch nicht miteinander verwechselt werden. Kraft dieser Unterscheidung berücksichtigt eine humane politische Ordnung die Fehlbarkeit der Menschen, respektiert ihre Würde unabhängig von all ihren Unterschieden und verpflichtet gesellschaftliche Kooperation und Konvivenz auf einen Umgang mit den Unterschieden zwischen den Menschen, bei dem keine und keiner zum bloßen Mittel für die Zwecke anderer gemacht wird.

Um der Humanität willen ist es wichtig, dass die Unterscheidung zwischen Gott und Mensch nicht nur vorausgesetzt, sondern auch lebensweltlich dargestellt und erfahren wird. Das ist die Aufgabe der Religion, in besonderer Weise die Aufgabe christlicher Kirchen. Dass Gott Mensch wurde, ist für sie der Dreh- und Angelpunkt für das Nachdenken über den Unterschied zwischen Gott und Mensch. Der Verzicht auf äußere Macht, für den Christus nach einem frühchristlichen, im Neuen Testament aufbewahrten Hymnus steht (Philipper 2,6–11), zeigt gerade, dass dieser Unterschied sich nicht nur in der überlegenen Macht Gottes, sondern in seiner barmherzigen Liebe zeigt.

Cur deus homo – die Lebenswelt aus dieser Perspektive zu betrachten bedeutet, menschliches Leben in seinen Relationen wahrzunehmen, in der Bezogenheit auf Gott und Welt, auf die Mitmenschen und das eigene Ich. Dafür ist die Achtung der gleichen Würde aller Menschen ebenso wichtig wie der Respekt vor ihrer Individualität und Diversität. Aber ebenso wichtig wie die Anerkennung der Gleichheit in der Verschiedenheit der Menschen ist die Unterscheidung zwischen Mensch und Gott, deren Verbindung nach christlicher Überzeugung in Jesus Christus als menschgewordenem Gottessohn ein für alle Mal Gestalt angenommen hat. Eben deshalb gibt es keinen Grund für Phantasien, die Einheit von Gott und Mensch selbst herstellen zu wollen – und sei es durch eine neue Spezies Homo deus. Die Unterscheidung zwischen Gott und Mensch und mit ihr die elementaren Bedingungen für Kooperation und Konvivenz unter den Menschen neu ins Bewusstsein zu heben, ist deshalb die entscheidende Alternative zum Ausrufen einer neuen Gattung Homo deus. Es könnte ja sein, dass genau diese Gattung eine Fiktion ist.

LITERATUR

Adler, Rasmus: Autonom oder vielleicht doch nur hochautomatisiert? Was ist z. B. der Unterschied zwischen autonomem Fahren und hochautomatisiertem Fahren?, 2019: https://www.iese.fraunhofer.de/blog/autonom-oder-vielleicht-doch-nur-hochautomatisiert-was-ist-eigentlich-der-unterschied/(Zugriff 30.11.2021).

Anselm von Canterbury: Cur deus homo – Warum Gott Mensch geworden, Darmstadt 1960.

Arendt, Hannah: Vita activa oder Vom tätigen Leben, 4. Aufl. München 1985.

BBAW (Hg.): Verantwortungsvoller Einsatz von KI? Mit menschlicher Kompetenz!, Berlin 2021.

Beauchamp, Tom / James F. Childress: Principles of Biomedical Ethics, 5. Aufl. New York 2001.

Beck, Ulrich: Die Metamorphose der Welt, Berlin 2017.

Bedford-Strohm, Heinrich: The Ethical Challenges of the Digital Age: Between Promises of Salvation and Prophecies of Doom, in: The Ecumenical Review 72/2 (2020), 167–182.

Bedford-Strohm, Jonas: Verletzliche Öffentlichkeit. Eine Kritik (der Kritik) der Filterblase, in: Jonas Bedford-Strohm / Florian Höhne / Julian Zeyher-Quattlender (Hg.): Digitaler Strukturwandel der Öffentlichkeit. Interdisziplinäre Perspektiven auf politische Partizipation im Wandel, Baden-Baden 2019, 201–218.

Bendel, Oliver (Hg.): Handbuch Maschinenethik, Wiesbaden 2019.

Berners-Lee, Tim: The World Wide Web and the «Web of Life», 1998: https://www.w3.org/People/Berners-Lee/UU.html (Zugriff 06.07. 2021).

– / Mark Fischetti: Der Web-Report. Der Schöpfer des World Wide Web über das grenzenlose Potential des Internets, München 1999.

Bertelsmann Stiftung / Wittenberg-Zentrum für Globale Ethik (Hg.): Unternehmensverantwortung im digitalen Wandel. Ein Debattenbeitrag zu Corporate Digital Responsibility, Gütersloh 2020.

Biser, Eugen: Gott im Horizont des Menschen, Limburg 2001.

– : Die Neuentdeckung des Glaubens, Stuttgart 2004.

Bloch, Ernst: Das Prinzip Hoffnung, Frankfurt/M. 1985.

Blumenberg, Hans: Geistesgeschichte der Technik. Aus dem Nachlass herausgegeben von Alexander Schmitz und Bernd Stiegler, Frankfurt/M. 2009.

Bonhoeffer, Dietrich: Ethik (Dietrich Bonhoeffer Werke 6), Gütersloh 1992.

Bostrom, Nick: Superintelligenz. Szenarien einer kommenden Revolution, Berlin 2014.

Boym, Svetlana: The Future of Nostalgia, New York 2001.

– : Nostalgia and Its Discontent, in: The Hedgehood Review 9/2 (2007), 1–12.

Braidotti, Rosi: Posthumanismus. Leben jenseits des Menschen, Frankfurt/M. 2014.

Brose, Thomas: Grenzen der Machbarkeit. Thea Dorns Roman «Die Unglückseligen» (2021): https://doi.org./10.1515/spircare-2021-0040 (Zugriff 12.05.2021).

Bruderer, Herbert: Meilensteine der Rechentechnik, Bd. 1 und 2, 2. Aufl. Berlin/Boston 2018.

Burchardt, Aljoscha: Künstliche Intelligenz und menschliche Nutzung – eine subjektive Begriffsbestimmung, in: Jahrbuch der Berliner Wissenschaftlichen Gesellschaft 2017–2018, ebook.pdf, 54–56.

Castells, Manuel: Der Aufstieg der Netzwerkgesellschaft, Wiesbaden 2017.

Charta der Digitalen Grundrechte der Europäischen Union, überarbeitete Fassung 2018: https://www.zeit-stiftung.de>f>Digital_Charta_deutsch.pdf (Zugriff 30.11.2021).

Cobb, Matthew: Why Your Brain is not a Computer (2020): https://www.theguardian.com/science/2020/feb/27/why-your-brain-is-not-a-computer-neuroscience-neural-networks-consciousness (Zugriff 01.05.2021).

Cook, Jim: Tim Cook to Google Users: ‹You're not the Customer. You're the Product› (2014): https://gadgets.ndtv.com/internet/news/tim-cook-to-google-users-youre-not-the-customer-youre-the-product-594242 (Zugriff 27.11.2021).

Dafoe, Allan: AI Governance: A Research Agenda, Centre for the Governance of AI, Future of Humanity Institute, University of Oxford 2018: GovAI-Agenda.pdf (ox.ac.uk) (Zugriff 18.05.2021).

Dahrendorf, Ralf: Wenn der Arbeitsgesellschaft die Arbeit ausgeht, in: Joachim Matthes (Hg.): Krise der Arbeitsgesellschaft? Verhandlungen des 21. Deutschen Soziologentages in Bamberg 1982, Frankfurt/M. 1983, 25–37.

Dallmann, Anja: Militärische Robotik als Herausforderung für das Verhältnis von menschlicher Kontrolle und maschineller Autonomie, in: Zeitschrift für Evangelische Ethik 61 (2017), 171–183.

Datenethikkommission der Bundesregierung (Hg.): Gutachten der Datenethikkommission, Potsdam 2019.

DeLillo, Don: Die Stille. Roman, Köln 2020.

Dengler, Katharina / Britta Matthes: Folgen der Digitalisierung für die Arbeitswelt. Substituierbarkeitspotenziale von Berufen in Deutschland, IAB-Forschungsbericht 11, Nürnberg 2015.

Deutscher Ethikrat: Big Data und Gesundheit – Datensouveränität als informationelle Freiheitsgestaltung, Berlin 2018.

Diez, Georg / Emanuel Heisenberg: Power to the People. Wie wir mit Technologie die Demokratie neu erfinden, Berlin 2020.

Döpfner, Matthias / Yuval Noah Harari: Wenn sich die Menschen weigern, nennt man das Demokratie, in: Welt am Sonntag 42, 18. Oktober 2018, 13–16.

Dorn, Thea: Die Unglückseligen. Roman, München 2017.

Eberl, Ulrich: Smarte Maschinen. Wie Künstliche Intelligenz unser Leben verändert, Bonn 2017.

Enquêtekommission des Deutschen Bundestags: Künstliche Intelligenz. Gesellschaftliche Verantwortung und wirtschaftliche, soziale und ökologische Potentiale, Berlin 2020.

Etzioni, Amitai: Die Verantwortungsgesellschaft. Individualismus und Moral in der heutigen Demokratie, Frankfurt/New York 1997.

Evangelische Kirche in Deutschland (Hg.): Freiheit digital. Die zehn Gebote in Zeiten des digitalen Wandels. Eine Denkschrift der Evangelischen Kirche in Deutschland, Leipzig 2021.

Feil, Ernst: Antithetik neuzeitlicher Vernunft. «Autonomie – Heteronomie» und «rational – irrational», Göttingen 1987.

–: Zur ursprünglichen Bedeutung von Theonomie, in: Archiv für Begriffsgeschichte 34 (1991), 295–313.

Finsterbusch, Stephan: Sotheby's-Auktion: Gründungsdokumente des World Wide Web werden versteigert, 16.06.2021: https://www.faz.net/aktuell/wirtschaft/sotheby-s-die-gruendungsdokumente-des-www-werden-versteigert-17392430.html (Zugriff 05.07.2021).

Floridi, Luciano: Die 4. Revolution. Wie die Infosphäre unser Leben verändert, Berlin 2015.

– / Josh Cowls u. a.: AI4People – An Ethical Framework for a Good AI

Society: Opportunities, Risks, Principles and Recommendations, in: Minds and Machines 28 (2018), 689–707.

Freud, Sigmund: Eine Schwierigkeit der Psychoanalyse (1917), in: Sigmund Freud: Gesammelte Werke, chronologisch geordnet, Bd. 12, 6. Aufl. Frankfurt/M. 1986, 3–12.

Frey, Carl Benedikt / Michael A. Osborne: The Future of Employment: How susceptible are jobs to computerisation: https:www.oxfordmartin. ox.ac.uk>downloads>academic>The_Future_of_Employment. pdf.1709.2013 (Zugriff 18.10.2021).

Fuchs, Thomas: Das Gehirn – ein Beziehungsorgan. Eine phänomenologisch-ökologische Konzeption, 2. Aufl. Stuttgart 2009.

– : Verteidigung des Menschen. Grundfragen einer verkörperten Anthropologie, Berlin 2020.

Fukuyama, Francis: Das Ende der Geschichte. Wo stehen wir? München 1992.

Goleman, Daniel: Soziale Intelligenz, München 2008.

Graepel, Thore: Jetzt wird die Künstliche Intelligenz vom Rivalen zum Mitstreiter, in: Frankfurter Allgemeine Zeitung, 23.08.2021, 18.

Graf, Friedrich Wilhelm: Theonomie: Fallstudien zum Integrationsanspruch neuzeitlicher Theologie, Gütersloh 1987.

Grampp, Sven: Marshall McLuhan. Eine Einführung, Konstanz 2011.

Guardian Staff and Agencies: Tim Berners-Lee's NFT of world wide web source code sold for $ 5,4 m: https://www.theguardian.com/technology/2021/jun/30/world-wide-web-nft-sold (Zugriff 05.07.2021).

Haagen, Christian: Verantwortung für Künstliche Intelligenz. Ethische Aspekte und zivilrechtliche Anforderungen bei der Herstellung von KI-Systemen, Baden-Baden 2021.

Habermas, Jürgen: Strukturwandel der Öffentlichkeit. Untersuchungen zu einer Kategorie der bürgerlichen Gesellschaft (1962), Frankfurt/M. 1990.

– : Vom pragmatischen, ethischen und moralischen Gebrauch der praktischen Vernunft, in: ders.: Erläuterungen zur Diskursethik, Frankfurt/M. 1991, 100–118.

– : Öffentlicher Raum und politische Öffentlichkeit, in: ders.: Zwischen Naturalismus und Religion. Philosophische Aufsätze, Frankfurt/M. 2005, 15–26.

– : Überlegungen und Hypothesen zu einem erneuten Strukturwandel der politischen Öffentlichkeit, in: Martin Seeliger / Sebastian Sevignani (Hg.): Ein neuer Strukturwandel der Öffentlichkeit? Leviathan, Sonderband 37, Baden-Baden 2021, 470–500.

Harari, Yuval Noah: Eine kurze Geschichte der Menschheit, 22. Aufl. München 2015.

– : Homo Deus. Eine Geschichte von Morgen, 4. Aufl. München 2017.

– : 21 Lektionen für das 21. Jahrhundert, München 2018.

– : Fürsten im Fadenkreuz. Geheimoperationen im Zeitalter der Ritter 1100–1550, München 2020.

– / Daniel Casanave / David Vandermeulen: Sapiens. Der Aufstieg, München 2020.

Hawking, Stephen: Kurze Antworten auf große Fragen, Stuttgart 2020.

Hemel, Ulrich: Kritik der digitalen Vernunft. Warum Humanität der Maßstab sein muss, Freiburg i. Br. 2020.

Hern, Alex: NFT representing Tim Berners-Lee's source code for the web to go on sale: https://www.theguardian.com/artanddesign/2021/jun/15/nft-representing-tim-berners-lee-source-code-world-wide-web-sale-auction (Zugriff 05.07.2021).

Hilgendorf, Eric: Menschenrechte. Gemeinwohlorientierte Gesetzgebung auf Basis der Vorschläge der EU «High-Level-Expert Group on Artificial Intelligence», in: Chris Piallat (Hg.): Der Wert der Digitalisierung. Gemeinwohl in der digitalen Welt, Bielefeld 2021, 223–251.

Höhne, Florian: Darf ich vorstellen: Digitalisierung. Anmerkungen zu Narrativen und Imaginationen digitaler Kulturpraktiken in theologisch-ethischer Perspektive, in: Jonas Bedford-Strohm / Florian Höhne / Julian Zeyher-Quattlender (Hg.): Digitaler Strukturwandel der Öffentlichkeit. Interdisziplinäre Perspektiven auf politische Partizipation im Wandel, Baden-Baden 2019, 25–46.

Huber, Wolfgang: After Fukushima: The Precautionary Principle Revisited, in: Verbum et Ecclesia, 33/2 (2012), Art. 736.

– : Ethik. Die Grundfragen unseres Lebens von der Geburt bis zum Tod, Paperback München 2016.

– : Ehrfurcht vor dem Heiligen. Zur Aktualität des *Prinzips Verantwortung*, in: Dietrich Böhler: Was gilt? Diskurs und Zukunftsverantwortung, Freiburg/München 2019; 269–286.

– : Dietrich Bonhoeffer – Auf dem Weg zur Freiheit. Ein Porträt, Paperback München 2021 (a).

– : Cur Homo Deus. Mensch und Gott bei Yuval Noah Harari, in: Thomas A. Seidel / Sebastian Kleinschmidt (Hg.): Coram Deo versus Homo Deus. Christliche Humanität statt Selbstvergottung, Leipzig 2021, 79–97 (b).

– : Leben in einer Welt im Wandel. Wie können Gesellschaften zu nachhaltiger Entwicklung beitragen, in: Torsten Meireis / Clemens Wustmans (Hg.): Zur kulturellen Dimension der Nachhaltigkeitsdebatte. XXVII. Werner-Reihlen-Vorlesungen (Beiheft zur Berliner Theologischen Zeitschrift), Berlin 2021, 103–114 (c).

IEEE: Standard Model Process for Addressing Ethical Concerns during System Design (2021): https://ieeexplore.ieee.org/document/9536679 (Zugriff 25.01.2022).

Jacob, Sabrina: Bias im maschinellen Lernen, in: Smart Data Blog (2021): https://smart-data-blog.de/bias-im-maschinellen-lernen (Zugriff 14.12. 2021).

Jähnichen, Traugott / Joachim Wiemeyer: Wirtschaftsethik 4.0. Der digitale Wandel als wirtschaftsethische Herausforderung, Stuttgart 2020.

Jansen, Frank / Timo Brücken: Die Furcht vor Moskaus Cyberkriegern, in: Tagesspiegel, 23. März 2022, 4.

Joas, Hans: Die Entstehung der Werte, Frankfurt/M. 1997.

– : Die Sakralität der Person. Eine neue Genealogie der Menschenrechte, Berlin 2011.

– : Die Macht des Heiligen. Eine Alternative zur Geschichte von der Entzauberung, Berlin 2017.

– : Replik, in: Jochen Sautermeister (Hg.): Kirche – nur eine Moralagentur? Eine Selbstverortung, Freiburg i. Br. 2019, 137–156.

– : Im Bannkreis der Freiheit. Religionstheorie nach Hegel und Nietzsche, Berlin 2020.

Jonas, Hans: Organismus und Freiheit. Philosophie des Lebens und Ethik der Lebenswissenschaften, hg. von Horst Gronke, Freiburg i. Br. 2010.

– : Das Prinzip Verantwortung. Erster Teilband: Grundlegung, hg. von Dietrich Böhler und Bernadette Herrmann, Freiburg i. Br. 2015.

Jörns, Klaus-Peter: Notwendige Abschiede. Auf dem Weg zu einem glaubwürdigen Christentum, Gütersloh 2004.

Jung, Matthias: Der bewusste Ausdruck. Anthropologie der Artikulation, Berlin/New York 2009.

Kagermann, Henning / Wolfgang Wahlster / Johannes Helbig (Hg.): Deutschlands Zukunft als Produktionsstandort sichern. Umsetzungsempfehlungen für das Zukunftsprojekt Industrie 4.0. Abschlussbericht des Arbeitskreises Industrie 4.0, o.O. 2013.

Kalinna, Georg: Der Mensch als antwortendes Wesen. Gedanken zur gegenwärtigen Verantwortungsethik, Zürich 2021.

Kant, Immanuel: Grundlegung zur Metaphysik der Sitten, in: Werke in zehn Bänden, hg. von Wilhelm Weischedel, Bd. 6, Darmstadt 1956, 9–102.

– : Zum ewigen Frieden. Ein philosophischer Entwurf, in: Werke in zehn Bänden, hg. von Wilhelm Weischedel, Bd. 9, Darmstadt 1956, 191–251.

Kehlmann, Daniel: Mein Algorithmus und ich. Stuttgarter Zukunftsrede, Stuttgart 2021.

Kirchschläger, Peter G.: Digital Transformation and Ethics. Ethical Considerations on the Robotization and Automation of Society and the Economy and the Use of Artificial Intelligence, Baden-Baden 2021.

Köhler, Robin: Messenger-Dienste. Fünf Alternativen zu WhatsApp & Facebook Messenger: https://www.br.de/themen/netz/whatsapp-alter nativen-messenger-100.html (Zugriff 17.01.2022).

Korsch, Dietrich: Rechnen und Verstehen. Anfänge zur Kritik der digitalen Vernunft, in: Ralph Charbonnier / Jörg Dierken / Malte Dominik Krüger (Hg.): Eindeutigkeit und Ambivalenzen. Theologie und Digitalisierungskurs, Leipzig 2021, 195–293.

Krautz, Jochen: Digitalisierung als Gegenstand und Medium von Unterricht und Schule. Keine digitale Transformation von Schule (GBW-Flugschriften 1), Köln 2020.

Krull, Frank: Happy Birthday, Wilhelm Schickard, in: Elektronik 8/1992, 17.

Kunkel, Nicole: Autoregulative Waffensysteme. Automatisierung als friedensethische Herausforderung – ein Werkstattbericht, in: Ethik und Gesellschaft 2021, 2: EuG-2–2021-art-6(1)-pdf.

Kurzweil, Ray: Menschheit 2.0. Die Singularität naht, 2. Aufl. Berlin 2014.

Lafargue, Paul: Das Recht auf Faulheit, Berlin 1891.

Lanier, Jaron: Wem gehört die Zukunft? Du bist nicht der Kunde der Internetgiganten. Du bist ihr Produkt, Hamburg 2014.

– : Zehn Gründe, warum du deine Social Media Accounts sofort löschen musst, 2. Aufl. Hamburg 2018.

Lankau, Ralf: Kein Mensch lernt digital. Über den sinnvollen Einsatz neuer Medien im Unterricht, Weinheim 2017.

– (Hg.): Autonom und mündig am Touchscreen. Für eine konstruktive Medienarbeit in der Schule, Weinheim 2021.

Laokoon, Kollektiv: Made to Measure, 2021: www.madetomeasure.online (Zugriff 09.11.2021).

Legg, Shane / Marcus Hutter: A Collection of Definitions of Intelligence (2007): https://arxiv.org/abs/0706.3639 (Zugriff 17.05.2021).

Lindner, Roland / Bastian Benrath: Amazon sorgt für Enttäuschung, in: Frankfurter Allgemeine Zeitung, 30.07.2021: https:/www.faz.bet./aktu ell/wirtschaft/unternehmen/amazon-sorgt-fuer-enttäuschung-174462737.html (Zugriff 08.08.2021).

Live-counter.com: https://www.live-counter.com/internetnutzer-weltweit (Zugriff 29.07.2021).

Lobo, Sascha: Realitätsschock. Zehn Lehren aus der Gegenwart, Köln 2020.

Loh, Janina: Trans- und Posthumanismus. Zur Einführung, 2. Aufl. Hamburg 2018.

– : Roboterethik. Eine Einführung, Berlin 2019.

Lüpke, Johannes von: Auf dem Weg zum Homo-Deus. Theologische Orientierungen im Mensch-Gott-Übergangsfeld, in: Armin Grunwald (Hg.): Wer bist du, Mensch? Transformationen menschlicher Selbstverständnisse im wissenschaftlich-technischen Fortschritt, Freiburg i. Br. 2021, 347–371.

Marx, Karl / Friedrich Engels: Werke, Bd. 3, Berlin 1969.

Mau, Steffen: Sortiermaschinen. Die Neuerfindung der Grenze im 21. Jahrhundert, 2. Aufl. München 2021.

McEwan, Ian: Maschinen wie ich. Roman, Zürich 2019.

McLuhan, Marshall: Die Gutenberg-Galaxis. Das Ende des Buchzeitalters, Bonn u. a. 1995.

Meireis, Torsten: Tätigkeit und Erfüllung. Protestantische Ethik im Umbruch der Arbeitsgesellschaft, Tübingen 2008.

– : Digitalisierung und Wirtschaft 4.0 – Herausforderungen für eine Ethik der Arbeit, in: Zeitschrift für Evangelische Ethik 61 (2017), 222–239.

– : «O dass ich tausend Zungen hätte». Chancen und Gefahren der digitalen Transformation politischer Öffentlichkeit – die Perspektive evangelischer Theologie, in: Jonas Bedford-Strohm / Florian Höhne / Julian Zeyher-Quattlender (Hg.): Digitaler Strukturwandel der Öffentlichkeit. Interdisziplinäre Perspektiven auf politische Partizipation im Wandel, Baden-Baden 2019, 47–62.

Mertes, Klaus: Das paranoische Leiden, in: Geistige Existenz. Journal für Religion & Moderne, 18, Paderborn 2019, 83–85.

Misselhorn, Catrin: Grundfragen der Maschinenethik, 4. Aufl. Ditzingen 2019.

– : Künstliche Intelligenz und Empathie. Vom Leben mit Emotionserkennung, Sexrobotern & Co, Ditzingen 2021.

MPFS: Frühe Kindheit und Medien: MPFS_Infoset_FrueheKindheit:2016. pdf (Zugriff 13.12.2021).

Müller, Vincent C. / Nick Bostrom: Future Progress in Artificial Intelligence. A Survey of Expert Opinions, in: Vincent C. Müller (Hg.): Fundamental Issues of Artificial Intelligence, Berlin 2016, 553–571: https://www.researchgate.net/publication/280838978 (Zugriff 28.11.2021).

Musk, Elon (2020): https://www.zeit.de/wissen/2020-08/neuralink-elon-musk-gehirn-chip-verbindung-smartphone-funktioniert (Zugriff 27.04. 2021).

Nassehi, Armin: Muster. Theorie der digitalen Gesellschaft, München 2019.

Nida-Rümelin, Julian / Klaus Zierer: Digitale Bildung: Vernunft und Empirie als Antwort auf eine entgleiste Debatte (2020): https://www.nzz.ch/meinung/digitale-bildung-vernunft-und-empirie-helfen-weiter-ld.1552714 (Zugriff 05.08.2021).

Niebuhr, H. Richard: The Responsible Self. An Essay in Christian Moral Philosophy, San Francisco 1978.

Osterhammel, Jürgen: Die Verwandlung der Welt. Eine Geschichte des 19. Jahrhunderts, München 2009.

Pariser, Eli: Filter Bubble. Wie wir im Netz entmündigt werden, München 2012.

Park, Robert E.: Der Begriff der sozialen Distanz und seine Anwendung auf die Erforschung ethnischer Beziehungen und Einstellungen (1924), in: Leviathan 49, 2021, 309–313.

Pohl, Dennis: «Es ist keine Zeit für Stille». Ukraines Digitalminister und sein Vize über ihre Strategie und deutsche Versäumnisse, in: Tagesspiegel, 23. März 2022, 4.

Postman, Neil: Wir informieren uns zu Tode, in: Die Zeit 41/1992, 60 f.: https://www.zeit.de/1992/41/wir-informieren-uns-zu-tode/komplettansicht (Zugriff 16.12.2021).

Precht, Richard David: Jäger, Hirten, Kritiker. Eine Utopie für die digitale Gesellschaft, München 2018.

–: Künstliche Intelligenz und der Sinn des Lebens. Ein Essay, München 2020.

Rauch, Jonathan: The Constitution of Knowledge. A Defense of Truth, Washington DC 2021 a.

–: Zerstörung der Wahrheit, in: Der Spiegel 40 (2021b), 42–49.

Reichert, Kolja: Krypto-Kunst. NFTs und digitales Eigentum, Berlin 2021.

Renn, Jürgen: The Evolution of Knowledge. Rethinking Science for the Anthropocene, Princeton/Oxford 2020.

Reuter, Hans-Richard: Grundlagen und Methoden der Ethik, in: Wolfgang Huber / Torsten Meireis / Hans-Richard Reuter (Hg.): Handbuch der Evangelischen Ethik, München 2015, 9–123.

Ricoeur, Paul: Theonomie und/oder Autonomie, in: Die Theologie auf dem Weg in das Dritte Jahrtausend. Festschrift für Jürgen Moltmann zum 70. Geburtstag, hg. von Carmen Krieg u. a., Gütersloh 1996, 324–345.

Rosa, Hartmut: Beschleunigung. Die Veränderung der Zeitstrukturen in der Moderne, Frankfurt/M. 2005.

– : Resonanz. Eine Soziologie der Weltbeziehung, Berlin 2016.

– : Unverfügbarkeit, Wien/Salzburg 2019.

Rössler, Beate: Autonomie. Ein Versuch über das gelungene Leben, 2. Aufl. Berlin 2017.

Sarasin, Philipp: 1977. Eine kurze Geschichte der Gegenwart, Berlin 2021.

SAS: Maschinelles Lernen. Was es ist und was man darüber wissen sollte (2021): https://www.sas.com/de_de/insights/analytics/machine-learning.html (Zugriff 01.05.2021).

Schirach, Ferdinand von: Jeder Mensch, München 2021.

Schirrmacher, Frank (Hg.): Technologischer Totalitarismus, eine Debatte, Berlin 2015.

Schwarzmann, Rolf / Steffen Weiß (Hg.): Whitepaper zur Pseudonymisierung der Fokusgruppe Datenschutz der Plattform Sicherheit, Schutz und Vertrauen für Gesellschaft und Wirtschaft im Rahmen des Digital-Gipfels 2017, o. O. 2017.

Schweitzer, Albert: Kultur und Ethik, München 1996.

Seeliger, Martin / Sebastian Sevignani (Hg.): Ein neuer Strukturwandel der Öffentlichkeit? Leviathan, Sonderband 37, Baden-Baden 2021.

Sen, Amartya: Ökonomie für den Menschen. Wege zu Gerechtigkeit und Solidarität, 2. Aufl. München 2000.

Sendler, Ulrich: Google AlphaGo gegen Lee Sedol endet 4:1, in: Süddeutsche Zeitung, 15.03.2016: https://www.plmportal.org./de/nachrichten-detail/go-match-kuenstliche-intelligenz-gegen-mensch-endet-41.html (Zugriff 15.09.2021).

Specht, Philip: Die 50 wichtigsten Themen der Digitalisierung. Künstliche Intelligenz. Blockchain, Robotik, Virtual Reality und vieles mehr verständlich erklärt, 5. Aufl. München 2021.

Spiekermann, Sarah: Digitale Ethik. Ein Wertesystem für das 21. Jahrhundert, München 2019.

– : «Jenseits von Profit». Die KI-Expertin Sarah Spiekermann über ethische Entwicklung bei der Technikentwicklung, in: Tagesspiegel, 17.09.2021, 19.

Staab, Philipp: Digitalisierung, in: Hans Joas / Steffen Mau (Hg.): Lehrbuch der Soziologie, 4. Aufl. 2020, 901–927.

Stalder, Fritz: Kultur der Digitalität, Berlin 2016.

Statista.com 2021a: https://de.statista.com/statistik/daten/studie/8059 43/umfrage/anteil-der-internetnutzer-weltweit (Zugriff 29.07.2021).

Statista.com 2021 b: https://de.statista.com/statistik/daten/studie/13070/ umfrage/entwicklung-der-internetnutzung (Zugriff 29.07.2021).

Statista.com 2021 c: https://de.statista.com/statistik/daten/studie/1388/ umfrage/taegliche-nutzung-des-internet (Zugriff 29.07.2021).

Suchanek, Andreas: Primum non nocere, in: Bertelsmann Stiftung / Wittenberg-Zentrum for Globale Ethik (Hg.): Unternehmensverantwortung im digitalen Wandel. Ein Debattenbeitrag zu Corporate Digital Responsibility, Gütersloh 2020, 17–22.

Taylor, Charles: Das sprachbegabte Tier. Grundzüge des menschlichen Sprachvermögens, Berlin 2017.

Tegmark, Max: Leben 3.0. Mensch sein im Zeitalter Künstlicher Intelligenz, Berlin 2019.

Thiede, Werner: Digitaler Turmbau zu Babel. Der Technikwahn und seine Folgen, München 2015.

Tillich, Paul: Systematische Theologie, Bd. III, Stuttgart 1956.

Turing, Alan: Computing Machinery and Intelligence. Mind, Vol. LIX, Issue 236, October 1950, 433–460, in: https://www.csee.umbc.edu/ courses/471/papers/turing.pdf (Zugriff 17.05.2021).

Ulshöfer, Gotlind / Peter G. Kirchschläger / Markus Huppenbauer (Hg.): Digitalisierung aus theologischer und ethischer Perspektive. Konzeptionen – Anfragen – Impulse, Baden-Baden 2021.

Weber, Max: Wissenschaft als Beruf, 1917/1919. Politik als Beruf, 1919, Tübingen 1994.

Weizenbaum, Joseph: Die Macht des Computers und die Ohnmacht der Vernunft, Frankfurt/M. 1977.

Werner, Götz / Adrienne Göhler: 1000 € für jeden. Freiheit, Gleichheit, Grundeinkommen, Berlin 2010.

Wikipedia (2022): Kryptowährung (Zugriff 22.03.2022).

Wolterstorff, Nicholas P.: Journey toward Justice. Personal Encounters in the Global South, Grand Rapids, MI 2013.

Zentrale Ethikkommission bei der Bundesärztekammer: Stellungnahme «Entscheidungsunterstützung ärztlicher Tätigkeit durch Künstliche Intelligenz» (2021): https://www.aerzteblatt.de/down.asp?id=28457 (Zugriff 23.01.2022).

Zuboff, Shoshana: Das Zeitalter des Überwachungskapitalismus, Frankfurt/New York 2018.

PERSONENREGISTER

Wolfgang Huber bei C.H.Beck

Dietrich Bonhoeffer
Auf dem Weg zur Freiheit
Ein Porträt
2021. 352 Seiten mit 25 Abbildungen. Broschur

Glaubensfragen
Eine evangelische Orientierung
2017. 332 Seiten. Klappenbroschur

Ethik
Die Grundfragen unseres Lebens
Von der Geburt bis zum Tod
2016. 320 Seiten. Broschur

Von der Freiheit
Perspektiven für eine solidarische Welt
Hrsg. von Helga Kuhlmann und Tobias Reitmeier
2012. 238 Seiten. Pappband

Wolfgang Huber/Torsten Meireis/Hans-Richard Reuter (Hg.)
Handbuch der Evangelischen Ethik
2015. 736 Seiten. Leinen

C.H.Beck